L'ORGANISATION POSITIVE

10 clés pour une entreprise performante

Eric Mellet
Illustrations de Caroline Tsiang

L'ORGANISATION POSITIVE

10 clés pour une entreprise performante

DUNOD

Éditorial : Delphine Levêque et Yaël Aouizrat
Fabrication : Anissa Marzouk
Direction artistique : Studio Dunod
Couverture : Florie Bauduin
Conception de maquette : Marion Alfano
Mise en page : Nord Compo
Illustrations : Caroline Tsiang

11 rue Paul Bert, 92240 Malakoff
www.dunod.com
ISBN 978-2-10-083652-9

Sommaire

Remerciements

Mes sentiments de gratitude vont en premier lieu à Romana, Caroline, Maureen et Jade pour leur patience et leur soutien inconditionnels. Merci également à toutes celles et ceux qui m'ont inspiré, encouragé, accompagné et auprès desquels j'ai appris tout au long de ces années, à « tracer mon chemin ».

Liste des ressources numériques

Retrouver l'ensemble des compléments numériques suivants sur le site Dunod, sur la page de l'ouvrage, disponible en scannant le QR code ou au lien suivant : www.dunod.com/ean/9782100836529.

- Pratique positive n° 1 : Cultiver un État d'esprit de développement
- Pratique positive n° 2 : Identifier nos déclencheurs
- Pratique positive n° 3 : Revisiter notre rapport à l'échec
- Pratique positive n° 4 : Découvrir le pouvoir du « jusqu'à maintenant »
- Pratique positive n° 5 : Insuffler un État d'esprit de développement à son équipe
- Pratique positive n° 6 : Pratiquer le feedback positif
- Pratique positive n° 7 : Favoriser une culture d'entreprise fondée sur un État d'esprit de développement
- Pratique positive n° 8 : Identifier et développer ses Forces de caractère
- Pratique positive n° 9 : S'appuyer sur ses Forces de caractère pour mener un projet
- Pratique positive n° 10 : Manager à partir des Forces de caractère

- Pratique positive n° 11 : Définir le « Cycle de vie positif » d'un collaborateur
- Pratique positive n° 12 : Construire une culture d'entreprise fondée sur les Forces de caractère
- Pratique positive n° 13 : Auto check-up émotionnel au travail
- Pratique positive n° 14 : Développer son Intelligence Émotionnelle
- Pratique positive n° 15 : L'Intelligence Émotionnelle du manager en action
- Pratique positive n° 16 : Savoir dire STOP
- Pratique positive n° 17 : Créer des Réseaux d'énergie positive (*Positive Energy Networks*)
- Pratique positive n° 18 : Stimuler mon engagement au travail
- Pratique positive n° 19 : Comprendre et nourrir la motivation intrinsèque de ses collaborateurs
- Pratique positive n° 20 : Créer une Vision partagée à partir de la matrice SOAR
- Pratique positive n° 21 : Développer une « orientation reconnaissante » en exprimant de la gratitude
- Pratique positive n° 22 : Identifier et développer son « réseau personnel de ressources humaines »
- Pratique positive n° 23 : Développer le sentiment de Sécurité Psychologique au sein d'une équipe
- Pratique positive n° 24 : Réguler et retirer le meilleur des conflits avec le Quadrant d'Ofman
- Pratique positive n° 25 : Développer la reconnaissance et la gratitude au sein de l'organisation
- Pratique positive n° 26 : La méthode du 3/1,5 pour stimuler le Soutien social dans l'organisation
- Pratique positive n° 27 : Identifier ses valeur et comment elles s'expriment au travail

- Pratique positive n° 28 : Créer votre poste idéal avec le « *job crafting* »
- Pratique positive n° 29 : Nourrir le besoin de donner/trouver du sens à l'œuvre collective
- Pratique positive n° 30 : Définir sa raison d'être avec SWITTCH®
- Pratique positive n° 31 : Identifier et développer son GRIT (CRAN)
- Pratique positive n° 32 : Développer son « Capital Psychologique »
- Pratique positive n° 33 : Évaluer et développer les facteurs d'une performance collective optimale
- Pratique positive n° 34 : L'Exploration appréciative (*Appreciative Inquiry*) pour développer la résilience individuelle et collective
- Pratique positive n° 35 : Développer sa Maîtrise personnelle
- Pratique positive n° 36 : Gérer les « routines défensives »
- Pratique positive n° 37 : Évaluer la maturité de son Organisation Apprenante avec l'approche CAP5D de SOL France
- Pratique positive n° 38 : Être ou ne pas être un « déviant positif »
- Pratique positive n° 39 : Identifier et manager les « déviants positifs »
- Pratique positive n° 40 : Faire de l'anomalie une opportunité collective de transformation positive

Préface

Un nouveau rapport au travail

Hôtellerie-restauration, BTP, secteur bancaire, secteur du social : autant de métiers qui sont en tension et peinent à recruter des talents. Première préoccupation des chefs d'entreprise de PME selon l'institut IPSOS qui a interrogé les patrons de TPE/PME, 73 % des sondés évoquent des difficultés croissantes à recruter.

C'est un défi majeur pour la fonction commerciale : en 2022, plus d'un million d'offres étaient à pourvoir dans les métiers commerciaux, dont 100 000 pour les ingénieurs commerciaux sans que les entreprises ne parviennent à attirer les talents recherchés.

Pour comprendre cette pénurie, il est indispensable d'analyser les nouvelles aspirations et souhaits des jeunes générations qui ont profondément changé. Nous pouvons tous constater que le rapport au travail est en mutation et que la crise sanitaire a révélé ou accentué l'émergence d'un nouveau paradigme. Hier, les entreprises choisissaient leurs collaborateurs ; aujourd'hui, les collaborateurs choisissent leur entreprise. Jamais les efforts et investissements pour développer les marques employeur n'ont été aussi déterminants.

En effet, le travail représente pour les nouvelles générations autre chose qu'un simple gagne-pain. Elles sont en quête de sens, d'un travail en accord avec leurs valeurs et modes de vie. Elles sont davantage sensibles aux leviers de motivation intrinsèques et beaucoup moins à ceux extrinsèques, encore trop privilégiés par les managers. La recherche de l'organisation qui permettra de cocher toutes les cases de ces générations exigeantes devient une priorité absolue.

La nécessaire métamorphose des pratiques managériales

Cette problématique de recrutement et de rétention des collaborateurs nous invite et nous impose une remise en question quant à notre façon d'interagir avec nos équipes. Comment satisfaire leurs nouveaux besoins, envies et exigences ?

J'avais l'intuition, dès la fin des années 2010, par l'écoute de signaux faibles, que nos modes de management traditionnels devaient être repensés. Voilà pourquoi j'ai souhaité porter en 2018 la *Métamorphose du management* comme thème du Congrès national du mouvement des Dirigeants commerciaux de France (DCF) en invitant les experts à s'exprimer sur le nouveau design des lieux de travail, la valorisation de l'Intelligence Émotionnelle, les principes de l'entreprise libérée.

Tous ces bouleversements de nos pratiques managériales se sont trouvés amplifiés au moment de la crise de Covid-19 qui a été à la fois un révélateur et un accélérateur des transitions amorcées. Au quotidien, cette métamorphose du management m'a obligé à repenser avec les managers les interactions avec nos collaborateurs. Et lorsque j'ai eu l'opportunité de lancer chez JCDecaux en 2020 une initiative pour développer une méthode de vente et de management commune partagée par nos équipes sur les 5 continents, nous avons créé *The Sales Intelligence Hub*.

Pour connecter des managers commerciaux de langue et culture différentes, nous avons, avec l'aide et l'expérience d'Éric Mellet, choisi de nous appuyer sur un mode de fonctionnement « en réseau », avec une gouvernance et une organisation innovantes fondée sur les ressorts de l'Intelligence Collective et les forces de chacun.

L'organisation de demain sera positive ou ne sera pas

Et si ce qui apparaît souvent comme une menace ou une crise, la soi-disant *Grande Démission* et la baisse constante de l'engagement et de la motivation, nous offrait l'opportunité d'instaurer des pratiques de Leadership Positif ? Si ce pari de la métamorphose du management n'est pas pris, tout laisse penser que les entreprises connaîtront de grandes difficultés à attirer et fidéliser les talents dans les prochaines années. Ainsi, cet ouvrage nous invite à repenser les « modèles mentaux » et les comportements qui prévalent encore très souvent au sein de nos organisations. Il nous offre des clés, des outils pratiques et une approche pour tendre vers un modèle d'organisation qui stimule la créativité, la curiosité et l'engagement des collaborateurs, valorise leurs forces et s'appuie sur les vertus d'un Leadership Positif. S'il est vrai qu'il est plus facile de mettre en œuvre cette approche lorsque l'on crée une nouvelle structure, chaque entreprise dispose d'un chantier managérial devant elle et, chaque pas est une avancée vers la recherche de l'Organisation Positive.

Jean Muller

JCDecaux

Executive Vice President Sales Intelligence
Asie, France, Belux, Israël,
Amérique Latine & Europe du Sud,
Moyen-Orient & Afrique

L'Organisation Positive...

« La démonstration qu'il peut exister et qu'il existe réellement des gens merveilleux – même s'ils sont rares et s'ils ont des pieds d'argile – suffit à nous donner le courage, l'espoir, la force de continuer à lutter, à avoir foi en nous-mêmes et dans nos propres possibilités de croissance. De même, l'espoir en la nature humaine, aussi lucide fût-il, devrait contribuer à nous mener vers la fraternité et la compassion. »

Abraham Maslow, 1954

Avant-propos

« Mais tu es devenu fou ou bien ? »

Associer les mots « organisation » et « positive »... Et pourquoi pas « épanoui » et « performant » ou encore plus fou, « humain » et « généreux » ? En ces temps de pensée binaire et de jugement à la serpe, cela ne pouvait manquer de susciter au mieux des sourires compatissants pour une forme de naïveté puérile, au pire une sourde colère alimentée par un rapport au travail et à l'entreprise bien loin du monde des Bisounours que laissait supposer cette combinaison hasardeuse. D'ailleurs, le fait même que ces deux mots n'aient jamais été associés auparavant pour en faire le titre d'un ouvrage semblait en dire long sur l'incongruité d'une telle association d'idées. Aussi, c'est après avoir beaucoup « consulté » et invoqué les oracles, que je me suis enfin décidé à tenter une sortie sur un sujet aussi propice à controverses. En redéroulant le film d'une carrière de 29 années passées dans une organisation qui le « valait bien », je me suis d'abord rappelé un temps où, après une longue période d'immersion à arpenter les États Unis, j'étais revenu en France pour lancer une marque américaine qui invitait ses prospects à « Mieux vivre et mieux gagner leur vie » ! Là où tous les autres acteurs du marché se battaient sur les prix ou la performance produit, nous proposions alors à des artisans coiffeurs de « vivre leur métier » avec passion et fierté. L'élément essentiel de la « promesse » : retirer de façon juste les fruits de leurs « services » à celles et ceux qui, au-delà de leur apparence physique, cherchent finalement à nourrir leur besoin de confiance en soi, d'estime de soi et de relations sociales. En y réfléchissant plus avant, j'ai ensuite réalisé qu'un parcours atypique débuté en tant que commercial m'avait amené à faire l'expérience, tant en France qu'à l'international, de multiples contextes, équipes et modes de management plus ou moins performants et agréables à vivre. Promu manager à 25 ans, j'avais aussi découvert très tôt les joies, mais aussi les vicissitudes d'un rôle qui pouvait être aussi ingrat qu'extraordinaire dans sa dimension de développement humain. Dans une « culture du chiffre » (d'affaire) où « bonjour » rimait le plus souvent avec « combien vas-tu ? », tenter de promouvoir l'épanouissement comme facteur de performance heurtait souvent la croyance dominante que le « résultat » l'emportait sur tout. Bien des années plus tard, je découvrais en retournant sur les bancs de l'école à Cambridge pour faire un Master en Psychologie Positive Appliquée, que cette trajectoire atypique pouvait s'apparenter à ce que la recherche convenait de qualifier de « Déviance Positive » (➢ Clé n° 9). C'est aussi sûrement là qu'il faut chercher l'origine du saut quantique effectué à 51 ans qui m'amena à sortir de la « matrice » pour démarrer une nouvelle vie de « coach et consultant appréciatif ». Après trois décennies dans les cosmétiques, quel bonheur de découvrir de « nouveaux mondes » si différents par leur finalité (banque, assurance, luxe, communication, pharmaceutique, distribution, transport, hôpital, collectivité locale, association…) et pourtant si semblables par les défis auxquels leurs organisations devaient faire face en ces temps incertains…

« Bon d'accord mais on cherche quoi ? »

Si les préoccupations ne datent pas d'hier, la crise du Covid-19 a semble-t-il généré une prise de conscience plus large et plus profonde du caractère fragile de nos « équilibres » tant personnels que professionnels. Plus globalement, pour bon nombre d'entre nous, celle-ci s'est étendue à la réalisation qu'au-delà de l'aspect individuel, cette fragilité se manifestait également au niveau de nos organisations et de nos institutions. Dans ce contexte, les enseignements de ma pratique de l'accompagnement individuel de dirigeants et de la facilitation de nombreux collectifs qui cherchent à trouver (ou retrouver) du sens et à explorer de nouvelles manières de plus et mieux « travailler ensemble », faisaient émerger deux grands champs de questionnement :

- **une question existentielle** : comment en tant qu'entreprises ou institutions, « rester vivantes » dans un environnement caractérisé par son imprévisibilité, sa complexité et la rapidité des changements de tous ordres à opérer ?

- **une question pratique** : comment embarquer le « corps social » dans ce qui ressemble de plus en plus à un processus de transformation permanente qui demande à chacun, quel que soit son titre ou sa fonction, de « penser et de faire autrement » ?

Ainsi après réflexion, l'expérience de multiples fonctions dans l'univers de l'organisation multinationale, la posture et la démarche inhérentes à la recherche et la pratique de coach/consultant appréciatif m'amenait à la question fondamentale qui serait à l'origine de cet ouvrage : **quelles conditions essentielles et quels comportements positifs pouvaient permettre d'assurer le succès des organisations dans le respect des individus et la préoccupation de leur plein épanouissement** ?

Faute de « diamant vert », je me mis donc à la poursuite de ce qui serait une « Organisation Positive ». Très vite, il m'apparut que, **s'il était vain et illusoire de prétendre identifier les « conditions suffisantes » pour qualifier une organisation de positive, allier les découvertes de la recherche en la matière à une intense et riche expérience professionnelle pouvait à tout le moins permettre d'en définir les « conditions nécessaires »**.

En guise d'introduction

Toujours commencer par les questions...

Comme je l'avais appris sur le tard, tout travail de recherche commence par la formulation d'hypothèses qui se traduisent par des questions... Dans un souci de clarté, je m'attacherai ici à celles qui m'apparurent d'emblée comme essentielles, pour orienter et préciser ce qui permettrait par la suite de qualifier une organisation de « positive » :

- L'Organisation « Positive » existe-t-elle et si oui comment la définir ?
- Est-il même possible et pertinant pour une organisation d'être qualifiée de « positive » ?
- Et qui d'ailleurs serait le plus à même de porter cette appréciation (dirigeants, collaborateurs, clients, fournisseurs...) ?
- Une organisation peut-elle être « positive » tout le temps et partout ?
- Une organisation peut-elle être « positive » pour ceux qu'elle emploie et « négative » pour la société ? (*quid* de la Mafia par exemple...).
- À l'inverse, une organisation peut-elle être « négative » pour ceux qu'elle emploie et « positive » pour la société ? (Pensons à l'hôpital ou à l'école par exemple, où il ne semble pas si réjouissant de travailler aujourd'hui...).
- Quels liens entre « Organisation Positive » et performance ?
- Est-il possible d'accompagner la « transformation positive » de l'organisation ?

Et puis enfin, la question à un million d'euros : est-ce qu'une bande de collaborateurs[1] joyeux et engagés finit par constituer une « Organisation Positive » ou est-ce qu'une « Organisation Positive » a pour conséquence des collaborateurs engagés et épanouis dans leur travail ?

Des premières réflexions…

Il apparut bien vite que si la tentative de définir ce qui serait une « Organisation Positive » pourrait susciter de nombreux débats et controverses, tant chez les « chercheurs » que chez les « praticiens », passer par la réflexion opposée pouvait rendre les choses plus claires, tout du moins sur l'intention qui animait cette quête du Graal d'un nouveau genre… Ainsi, fort de notre câblage neuronal orienté naturellement sur le manque[2], le déficit, le « négatif », on pourrait assez vite s'accorder sur ce qui définirait une « organisation négative » du point de vue par exemple de ses :

- **Clients** : une offre de produits ou de services de mauvaise qualité à un tarif prohibitif, des produits qui remettent en question la santé physique ou mentale du consommateur, une activité qui dégrade ou saccage l'environnement…
- **Collaborateurs** : un environnement de travail dangereux pour la sécurité ou la santé physique ou mentale, une atmosphère dominée par la peur et le stress, un travail mal rémunéré et une contribution à la société qui ne fasse aucun sens et ne procure aucune satisfaction, un management fondé sur la stricte subordination hiérarchique et le contrôle…
- **Fournisseurs** : des conditions financières qui leur imposent une marge insuffisante pour vivre dignement, une pression sur les temps de production qui entraîne des conditions de travail insupportables pour les « sous-traitants », des process administratifs kafkaïens et des délais de paiement qui menacent leur trésorerie, donc leurs capacités à survivre…

1. Le masculin est utilisé tout au long de l'ouvrage comme représentant de tous les genres, sans discrimination et dans le seul but d'alléger le texte.

2. T.A. Larsen, J.T. Smith, N.K. & Cacioppo J.T. (1998), « Negative information weighs more heavily on the brain: The negativity bias in evaluative categorizations », *Journal of Personality and Social Psychology*, 75(4), 887-900.

- **Dirigeants** : une organisation qui ne réponde pas aux critères de performances économiques (ou autres) sur son marché, des collaborateurs désengagés, une résistance aux changements (réellement) nécessaires à mettre en œuvre pour assurer sa pérennité…

Quel que soit notre rapport à l'organisation, on peut facilement identifier ses aspects négatifs (désagréables) par les émotions et sentiments éprouvés à son contact : insatisfaction, incohérence, injustice, impuissance, frustration, colère, peur, indifférence, dégoût…

… aux premières pistes

En y songeant davantage, il apparaissait que l'on rentrait « en relation » avec une organisation comme on le faisait avec un « être vivant » et que ces interactions étaient sources de réflexions, de ressentis plus ou moins agréables qui à leur tour, suscitaient des comportements d'attirance et d'attachement ou au contraire d'évitement, voire de répulsion. Si pendant longtemps, et encore trop souvent aujourd'hui, on avait associé l'organisation à une « machine » qu'un organigramme fait de rectangles et de flèches suffisait à représenter, la « pensée de la complexité »[3], la notion d'écosystème[4], voire tout simplement le concept même d'entreprise – personne morale qui naît, vit et meurt, avaient inspiré pour certains cette idée de l'organisation comme « organisme vivant »[5]. À travers cette représentation, on pouvait commencer alors à préciser les contours de l'objet de notre recherche : « l'Organisation Positive ». En effet, en partant du principe qu'elle était bien « vivante », celle-ci devait logiquement présenter un certain nombre de traits observables et mesurables :

- sa santé économique bien sûr mais pas seulement… Celle de ceux qui, de près ou de loin, concourent à sa croissance et la santé de tout ce qui fait partie de son « environnement » – une santé qu'il s'agit au minimum de préserver mais encore mieux, de fortifier et de régénérer ;

3. Morin E. (1988), « Le défi de la complexité », *Chimères. Revue des schizoanalyses*, 5(1), 1-18.

4. Collectif Centre Teilhard de Chardin (2022), « TeilVivre en écosystème étendu. Un nouveau défi pour l'écologie », MEDIASPAUL France.

5. Laloux F., Poireaux G.N., & Blanchard P. (2015), *Reinventing Organizations-Vers des communautés de travail inspirées*, Diateino.

- sa capacité à réaliser pleinement son potentiel de vie et à répondre à sa « raison d'être » ;
- sa capacité à s'adapter, à surmonter les épreuves et en sortir plus forte ;
- sa capacité à répondre aux aspirations et aux besoins d'épanouissement de celles et ceux qui rentrent en relation avec elle (collaborateurs, clients, prestataires, actionnaires, sociétaires...).

Autant de principes selon lesquels « *la croissance d'une entité induit la croissance de l'écosystème auquel elle contribue, et réciproquement. C'est le principe fondamental de tout système vivant : il ne peut se développer que s'il permet à chaque entité vivante qui le constitue de poursuivre son essence, sa finalité, sa raison d'être en vie. Les frontières des écosystèmes sont poreuses et la modification d'une entité, même minime, entraîne de multiples répercussions sur le reste de l'écosystème*[6] ».

L'« Organisation Positive » : un processus plus qu'un état...

Une autre propriété du vivant tient à ce que la pensée bouddhique décrit par le terme d'impermanence pour exprimer que rien ne dure et que tout change tout le temps... Il suffit pour s'en convaincre de comprendre qu'avec l'apoptose, le phénomène de mort naturelle programmée, ce sont près de 2 000 cellules qui meurent chaque seconde naturellement dans le corps d'un être humain adulte, soit 50 à 70 milliards par jour[7] ! Au-delà de l'instabilité physique, on pourrait également parler de l'instabilité mentale avec les 6 200 pensées par jour qui traversent notre esprit[8] ou encore de notre instabilité émotionnelle (➢ Clé n° 3). Ainsi, à l'instar de tout être vivant, une « *organisation n'est pas statique mais dans une tension*

6. https://www.axa.com/fr/insights/les-entreprises-sont-des-etres-vivants.

7. https://www.planetoscope.com/Le-corps-humain/1134-nombre-de-cellules-qui-meurent-dans-le-corps-humain-apoptose-.html

8. https://www.science-et-vie.com/cerveau-et-intelligence/nous-aurions-6200-pensees-par-jour-en-moyenne-4354.html

constante entre un "état négatif" qui se traduit par des personnes qui se renferment, se désengagent et sous-performent ou un "état positif" où les gens sont ouverts, prennent des initiatives, assument leurs responsabilités et surperforment tant individuellement que collectivement[9] ». Ainsi, à moins que celle-ci ne soit contrariée, voire pervertie, la tendance naturelle ou effet héliotropique incline tous les systèmes vivants à aller vers ce qui est sain et qui donne la vie et à s'éloigner de ce qui épuise la vie, autrement dit à chercher l'énergie positive et à fuir l'énergie négative. Pourtant, en situations de crises génératrices de peurs et d'anxiété, ce sont le plus souvent des réactions de repli sur soi, de protectionnisme qui, en se concentrant sur « les problèmes », ne font paradoxalement que les aggraver. Aussi appropriées ou légitimes qu'elles soient, ces réactions ponctuelles si elles s'installent de façon chronique, finissent par nuire au bon fonctionnement de l'individu ou du collectif. Aussi, apprendre à reconnaître et à tendre vers le « positif » au sens de ce qui est « sain » pour son développement durable est vital tant pour les individus que pour les organisations.

9. Quinn R.E. (2015), *The positive organization: Breaking free from conventional cultures, constraints, and beliefs*, Berrett-Koehler Publishers.

PARTIE 1

LES INDICES D'UNE « RÉVOLUTION POSITIVE » … AU TRAVAIL

1. UN RAPPORT AU TRAVAIL QUI CHANGE

Du travail pour « gagner sa croûte » au travail pour s'épanouir…

Dans le monde de l'entreprise, l'idée que l'on puisse travailler dans une ambiance de bien-être est assez récente. Pour la plupart des travailleurs et de ceux qui les emploient, cela reste encore une vue de l'esprit, voire le spectre d'une dangereuse remise en question d'un ordre reposant sur des « liens de subordination » instaurés par le contrat initial selon lequel le travailleur amène sa « main-d'œuvre » contre une rémunération. Dans ce cadre, si des personnes se regroupent dans un but commun, c'est avant tout pour « produire et être rentables ». Autant dire que dans ces conditions, le travail n'a pas vocation à être une « partie de plaisir » mais plutôt un labeur dont la satisfaction retirée est à la mesure de la souffrance et des larmes consenties. Pas vraiment une surprise pour un mot dont l'origine est liée à un instrument de torture qui sonne comme un anxiolytique : le tripalium ! Pourtant pour la plupart d'entre nous, vivre et faire vivre les siens passe par le travail. En avoir est déjà une source de bénédiction et certains ont même été jusqu'à dire que « le travail c'est la santé ». Avec la première révolution industrielle et l'émergence du « monde ouvrier », les revendications sur les conditions de travail prennent un tour politique pour revendiquer une plus juste répartition de ses fruits et de meilleures conditions matérielles pour soi-même et le futur de ses enfants.

Ainsi, dans la France de l'après-guerre et pendant les trois décennies qui suivent, les questions sur la nature et le sens du travail, la responsabilité sociale de l'entreprise et *a fortiori* sur l'épanouissement personnel au travail, ne sont pas d'actualité. Les générations qui se succèdent entendent profiter toujours davantage de l'émergence de la société de consommation et notamment des loisirs qu'elle procure, la place du travail reste centrale et c'est elle qui définit toutes les grandes étapes de la vie. Si les Boomers des années 1960 commencent leur carrière dans un monde où prévalent encore les notions d'efforts et de loyauté à l'égard de l'employeur, ils amorcent une transition vers un modèle cherchant à concilier l'employabilité que nécessite un marché du travail toujours plus instable avec un besoin de sens et d'accomplissement personnel au fur et à mesure de leur évolution professionnelle.

C'est avec les générations X (1965-1980), Y (1980-2000) et Z (à partir de 2000) que la bascule s'opère et qu'émerge un nouveau paradigme. Dans un contexte dominé par l'incertitude, les crises annoncées, qu'elles soient d'ordre économique, social ou écologique, le besoin de sens, la fidélité à ses propres valeurs, la satisfaction au travail, l'équilibre vie professionnelle-vie personnelle viennent contrebalancer la seule rémunération et le statut social. Ce changement de paradigme représente deux enjeux vitaux pour l'entreprise. Un enjeu RH bien sûr, car ce sont autant de nouveaux facteurs à intégrer pour attirer, recruter et fidéliser ses collaborateurs. Mais aussi un enjeu de performance où dans un environnement dominé par l'incertitude, la complexité et la rapidité des changements, il devient crucial pour elle de créer un climat de collaboration et de coopération pour rester agile et innover sans cesse.

Du travail « pour consommer » au travail « à consommer »

La notion de travail, et plus encore, celle d'emploi, est une invention de la modernité, plus exactement une invention du capitalisme industriel. C'est après la seconde guerre mondiale que le couple travail-consommation devient le moteur du progrès matériel et de l'évolution sociale. L'équation implique que le prix à payer du confort et de la société de loisirs en émergence est celui de l'effort, l'abnégation, voire la souffrance pour accéder au plaisir. Pour des générations qui ont connu les affres du manque et un modèle d'éducation doloriste, une récompense se mérite et l'investissement personnel tant sur le plan professionnel que personnel d'ailleurs, repose sur une conception d'un « bonheur différé ». Quelques décennies plus tard, sous les coups de boutoir d'un marketing digital dopé par des algorithmes toujours plus précis pour identifier et susciter nos désirs, nous sommes rentrés dans l'ère du « tout, tout de suite… et sans effort si possible… » Avec le temps, cet être de désir insatiable qu'est le « consommateur » en nous, a peu à peu changé sa perception et son rapport au travail. Hier au centre de tout, il est aujourd'hui un facteur parmi d'autres dans ce qui apparaît comme une nouvelle manière d'envisager l'existence.

Ainsi, avec seulement 24 % des Français qui estiment en 2022 que le travail est très important dans leur vie contre 60 % en 1990, on constate une forte réduction de la priorité assignée au travail par rapport au couple et à la famille, aux amis, aux relations et aux loisirs[1]. Ce que nous disent toutes les enquêtes sociologiques, c'est que les Français veulent bien travailler mais qu'ils veulent travailler autrement… Et cela quelle que soit leur génération ! Dans une période où l'offre de travail est supérieure à la demande, où le télétravail a émergé pour près de 9 millions de travailleurs comme une modalité incontournable d'un nouveau paysage social et où l'incertitude et l'imprévisibilité prédominent, de nouvelles formes contractuelles d'emploi se multiplient (travail de courtage, travail détaché, location de main-d'œuvre, intérim, sous-traitance, saisonnier, occasionnel, ubérisation)… Finalement, le travail n'est pas en train de disparaître mais c'est bien notre rapport à lui qui est en train de changer… Le travail est devenu à son tour une consommation qui répond de moins en moins à une logique de sacrifice de soi, mais de plus en plus un véritable souci de soi.

L'envie de bien-être, une « nouvelle aspiration » au travail

Alors si le travail devient acte de consommation, il n'est pas surprenant que l'on cherche à vivre au travail ce qui s'apparente à une « expérience client » dans laquelle la notion de plaisir est fondamentale. « *Cette nouvelle relation dépassionnée au travail a pour corollaire une envie de bien-être au quotidien. Il ne s'agit plus tant "de se réaliser" par le travail que plus modestement, de s'y sentir bien*[2]. » Intéressant de noter à ce titre qu'il y a seulement vingt ans, la notion de bien-être ne faisait pas vraiment partie du langage courant en

1. https://www.jean-jaures.org/publication/plus-rien-ne-sera-jamais-comme-avant-dans-sa-vie-au-travail/

2. https://mellet-consulting.com/grande-demission-grande-flemme-quen-penser-vraiment/ et https://philippepierre.com/grande-demission-grande-flemme-comprendre-pour-agir/

entreprise. Et d'autant plus intéressant que si pour 61 % des salariés, cette aspiration au « bien-être au travail » constitue un enjeu prioritaire au sein de leur entreprise, cette aspiration connaît une progression significative de 5 points par rapport à une mesure précédente datant de 2018. Cette tendance de fond s'est vue renforcée par la crise sanitaire qui a déclenché une vraie prise de conscience pour beaucoup de travailleurs, notamment ceux qui ne pouvait pas télétravailler. Plus question d'accepter des horaires imposés, un mauvais équilibre vie professionnelle – vie privée, une organisation du travail au mépris des besoins humains fondamentaux ; autant de contraintes acceptées jusqu'alors dans certaines professions (hôtellerie, restauration, santé...) qui, n'arrivant plus à recruter de main-d'œuvre, doivent revoir profondément leurs offres d'emploi tant sur l'aspect financier que sur les conditions de travail.

2. DES ORGANISATIONS EN TRANSITION

Des enjeux de santé physique et mentale

Si l'on en croit les études et enquêtes qui se suivent sur ce sujet ô combien encore important dans nos vies, force est de constater que le travail pour beaucoup, reste davantage une source de mal-être, voire de souffrance, qu'une source de bien-être et d'épanouissement. Les nombreuses conséquences des profondes mutations générées à l'échelle mondiale par les interdépendances croissantes sur le plan industriel, commercial ou financier (globalisation), ont eu pour conséquences d'accroître la concurrence et de fragiliser les marchés et les emplois. En parallèle, l'explosion des nouvelles technologies de l'information et de la communication (NTIC) ont bouleversé les organisations du travail et créé de nouvelles contraintes pour les travailleurs[3]. Pas étonnant dans ces conditions que 61 % d'entre eux se considèrent stressés ou très stressés au travail, celui-ci étant considéré comme le domaine de vie générant le plus de stress après la situation financière personnelle[4].

3. Arnett J.J. (2002), « The psychology of globalization », *American psychologist*, 57(10), 774.

4. OpinionWay, *Les Français et le stress*, mai 2019.

Intéressant de noter par exemple qu'au pays des 35 heures, l'accélération des rythmes de travail et ses conséquences physiques et psychologiques se seraient traduites par une multiplication par six des cadences de travail entre 1984 et 2016[5]. En outre, hormis les souffrances et dysfonctionnements de tous ordres engendrés par la dégradation de la santé des travailleurs, celle-ci a un coût considérable estimé entre 1,8 % et 6 % du Produit intérieur brut des pays développés[6]. Désengagement et comportement de retrait, absentéisme, démission, voire sabotage de l'outil de travail ou violence au travail en augmentation, autant de preuves que la dégradation des conditions de travail et son impact sur la santé des collaborateurs, impactent leur performance et celle des organisations pour lesquelles ils travaillent[7].

Selon l'Organisation Mondiale de la Santé (OMS), la santé est définie comme « *un état complet de bien-être, physique, mental et social qui ne consiste pas seulement en une absence de maladie et d'infirmité* ». Celle-ci ne dépend donc pas seulement de l'absence d'états négatifs, mais également de la présence d'états positifs. **Autrement dit, ce n'est pas parce que l'on n'est pas malheureux que l'on est heureux pour autant !** Ainsi, le troisième Plan Santé au travail[8] marque une l'évolution consistant à passer d'une approche par la pathologie (soigner/réparer) à promouvoir la santé et le bien-être des travailleurs (préserver/prévenir) dont les recherches en la matière illustrent également l'impact positif sur la performance des entreprises[9].

Des enjeux d'attractivité/employabilité

Dans un contexte rarement connu depuis une trentaine d'années, la grande majorité des organisations et des entreprises peinent à trouver des collaborateurs et à les fidéliser. Avec une main-d'œuvre plus rare,

5. DARES Analyse n° 082, décembre 2017.

6. Takala J. *et. al.* (2014), « Global estimates of the burden of injury and illness at work in 2012 », *Journal of occupational and environmental hygiene*, *11*(5), 326-337.

7. Gilboa S., Shirom A., Fried Y., & Cooper C. (2008), « A meta-analysis of work demand stressors and job performance: examining main and moderating effects », *Personnel psychology*, *61*(2), 227-271.

8. https://travail-emploi.gouv.fr/IMG/pdf/pst3.pdf

9. Judge T.A., Thoresen C.J., Bono J.E., & Patton G.K. (2001), « The job satisfaction-job performance relationship: A qualitative and quantitative review », *Psychological bulletin*, *127*(3), 376.

le pouvoir n'est plus du côté des employeurs qui vivent ce que certains ont nommé la « guerre des talents[10] ». Au-delà de la seule rémunération, l'entreprise doit à l'instar de l'« expérience client », proposer une « expérience collaborateur ». Cela passe entre autres par l'environnement de travail, la possibilité du télétravail, la flexibilité des horaires, l'équilibre vie privée-vie professionnelle mais aussi par une attention plus grande portée aux valeurs qu'elle promeut, et plus encore à sa cohérence. Il s'agit donc moins de proclamer de grandes valeurs que de les mettre vraiment en pratique dans le management au quotidien sous peine de sévère retour de bâton. C'est particulièrement vrai pour les grandes entreprises qui, en développant leur politique de « marque employeur », renforcent le rapport consumériste des salariés qui à juste titre, évaluent, comparent et notent la « qualité du service rendu » par rapport à la promesse initiale.

Des enjeux d'engagement

Depuis de nombreuses années maintenant, on ne compte plus les enquêtes d'opinion qui exprime le manque d'engagement au travail. Les causes sont multiples mais deux d'entre elles intimement liées semblent jouer un rôle majeur et cela avec encore plus de force à l'issue de la pandémie : la motivation et le sens. Réalisée auprès d'un échantillon de 1 003 personnes représentatives de la population française âgée de 18 ans et plus, l'étude de l'IFOP pour la Fondation Jean Jaurès nous apprend que depuis la crise sanitaire, 30 % des sondés déclarent être moins motivés qu'avant et que seuls 12 % des sondés se disent plus motivés qu'avant dans ce qu'ils font au quotidien. La perte de motivation au travail touche davantage les jeunes actifs (46 % des 25-34 ans), mais aussi les cadres (44 %) et les professions intermédiaires (43 %)[11]. Entre 2020 et 2022, les contraintes liées au Covid ont déstructuré l'organisation et le rythme de travail avec des stop-and-go successifs et l'émergence d'un télétravail massif qui n'a pas été sans conséquence sur le rapport au travail.

10. Michaels E., Handfield-Jones H., & Axelrod B. (2001), *The war for talent*, Harvard Business Press.

11. Fourquet J. et Peltier J., « Grosse fatigue et épidémie de flemme : quand une partie des Français a mis les pouces », 11 novembre 2022, Rapport Fondation Jean Jaurès.

Avec l'engagement et la motivation, c'est aussi la question du sens du travail qui est aujourd'hui d'actualité et la encore, la crise sanitaire a marqué un tournant. Si avant la crise, seulement 11 % des Français considéraient que le sens de leur travail pouvait être la cause d'un certain mal-être, ils sont 55 % aujourd'hui à réfléchir sur son sens et son utilité[12]. Plus inquiétant, seulement 13 % trouvent du sens dans leur emploi[13] et à leur sentiment d'inutilité se rajoute celui de ne pas participer à un projet global ayant un impact positif sur la société en général. À tort ou à raison, le sentiment partagé est que c'est l'entreprise qui est au premier chef responsable de l'épanouissement de ses collaborateurs et qu'à ce titre, c'est à elle de leur communiquer du sens. La question du « sens » n'est pas l'apanage des diplômés ou des nantis. Elle touche toutes et tous et pour certains, elle prend même la forme d'une dissonance qui se traduit par un engagement plus radical : « *J'ai cessé de vivre en incohérence avec ce qui m'habite. Je cesse cette dissonance entre les cris de mon cœur et la production de mon cerveau... Cette machine infernale qui exproprie, expulse, extraie, rase, bétonne, isole, contrôle, réprime, tue, déforeste, pollue, emprisonne, empoisonne, rationalise, industrialise, quantifie, valorise, processe, développe, optimise... n'est plus la mienne*[14]. »

Des enjeux de performance et d'innovation

Jusqu'aux années 2000, le Capital Humain, soit le niveau de formation initiale avant de rentrer sur le marché du travail constituait le premier facteur de productivité économique. Étant donné le niveau plus élevé aujourd'hui de la formation initiale des plus jeunes (secondaire et supérieur), c'est dans l'amélioration de la qualité de la formation continue que l'on peut trouver à l'avenir la première source de croissance du « Capital humain ». Dans un monde où ruptures technologiques et mutations sociétales sont plus nombreuses et plus rapides que jamais, les compétences attendues sur le marché du

12. Florent Vairet, *Les Échos*, 15 mai 2020.

13. *HR Voice*, (28 mai 2020), « Les Français inquiets de retourner au travail, et soucieux de trouver du sens dans leur emploi ».

14. https://desertheureuses.noblogs.org/files/2022/05/2021-courage-fuyons-desertheureuses-lecture-.pdf

travail dépendent de plus en plus de celle-ci ainsi que dans le développement d'Organisations Apprenantes[15]. De fait, leur performance et leur innovation dépendent de plus en plus de leur capacité à former leurs collaborateurs « tout au long de la vie ». Ainsi, s'il fut un temps où l'on devait « apprendre pour aller travailler », il s'agit maintenant « d'aller travailler pour apprendre » !

On peut penser que, confrontées dans l'avenir à des contextes de crise, voire d'urgence, de façon plus fréquente, les organisations devront développer leur résilience et leur capacité à s'adapter continuellement à un environnement instable. Si innover est le mantra de toutes les directions générales, l'innovation dont on parle ne se décrète pas, elle « émerge » dans des environnements qui favorisent la diversité et qui mêlent savamment compétition et collaboration. Ces nouvelles « géométries sociales » au travail requièrent le développement de compétences relationnelles et conceptuelles[16] comme le niveau d'autonomie au travail, la créativité, l'esprit critique et l'aptitude à résoudre des problèmes complexes.

3. L'ÉMERGENCE D'UNE FINANCE CITOYENNE

La crise financière de 2008 semble bien loin… On peut néanmoins s'inquiéter quant aux leçons tirées, lorsqu'on apprend que près de 40 % des transactions financières ne sont pas réalisées par des humains mais par des machines[17] et que « *les traders haute fréquence vont continuer d'investir pour augmenter leur vitesse de transaction*[18] » qui est déjà de l'ordre de la milliseconde ! Pas d'angélisme non plus sur « l'épargne verte » ou « durable » qui reste encore dans de nombreux cas une forme « d'écoblanchiment » et

15. Benhamou S. et Lorenz E. (avril 2020), « Promouvoir les organisations du travail apprenantes : enjeux et défis pour la France », *Note de synthèse, France Stratégie*.

16. Górka S., Hardy W., Keister R. et Lewandowski P. (2017), « Tasks and Skills in European Labour Markets », Background Paper for the World Bank Report *Growing United: Upgrading Europe's Convergence Machin*, IBS Research Reports 03/2017, Instytut Badan Strukturalnych.

17. Giraud G. (2013), La vitesse, nouveau fléau financier ?, *Projets*, (5), 172-181.

18. https://www.lesechos.fr/finance-marches/marches-financiers/les-grandes-firmes-de-trading-optimistes-pour-leurs-profits-en-2023-1911802

un moyen de s'acheter une bonne conscience en jouant avec cynisme de la sensibilité toujours plus forte des citoyens aux enjeux environnementaux[19].

Il n'en reste pas moins que si les débuts sont balbutiants, plus d'un millier de fonds ont obtenu le label ISR français[20]. De nouvelles formes de réglementation beaucoup plus strictes sont en train de se mettre en place au niveau national et international pour répondre à une véritable attente d'épargnants de plus en plus et de mieux en mieux informés sur le degré d'engagement des fonds de gestion et le contenu de leur portefeuille. Ainsi, avec les besoins en matière de financement de la transition écologique, la prise de conscience croissante des enjeux climatiques et environnementaux des consommateurs et de nouveaux moyens d'évaluation, de notation et de sanction, l'idée commence à s'installer qu'il n'y aura « ***pas de développement durable sans finance durable***[21]... ».

4. LE « POLITIQUE » FACE À LA TRANSFORMATION POSITIVE

Là encore, il reste beaucoup de chemin à faire mais la loi pour la croissance et la transformation des entreprises (Pacte) adoptée le 11 avril 2019, a le mérite de graver dans le marbre la notion d'intérêt social qui devient « un impératif de bonne gestion des sociétés » au même titre que les enjeux sociaux et environnementaux[22]. Les quelques précurseurs de « l'entreprise à mission » (44 entreprises en 2020) n'ont cessé depuis de faire des émules (plus de 1 000 en 2023), soit plus de 500 000 salariés dans des micro entreprises et TPI, mais aussi de plus en plus dans les grandes entreprises embarquées dans le mouvement plus global de la RSE (responsabilité sociétale et environnementale)[23] . L'ambition à terme est triple : résoudre le conflit entre la performance sociale et

19.https://www.quechoisir.org/action-ufc-que-choisir-finance-verte-il-est-urgent-de-mettre-fin-a-l-ecoblanchiment-n106474/

20. https://www.lelabelisr.fr

21. Frimousse S., & Peretti J. M. (2021), « La contribution de la finance verte et durable à la performance extra-financière », *Question (s) de management*, *36*(6), 141-166.

22. https://www.editions-legislatives.fr/loi-pacte-principales-mesures-pour-entreprises#10

23. https://www.entreprisesamission.org/troisieme-barometre-de-lobservatoire-des-societes-a-mission/

environnementale et le profit. Pour être « entreprise à mission », celle-ci doit définir des objectifs environnementaux et sociaux dans sa « raison d'être » elle-même inscrite dans ses statuts au même titre que ses objectifs financiers.

Une autre dynamique en parallèle rassemble les entreprises à « impact positif » qui se basent sur les 17 Objectifs de développement durable (ODD) des Nations unies[24]. Dans ce cadre, elles s'engagent à stopper les effets négatifs qu'engendre leur activité en se basant sur quatre piliers[25] :

- **l'impact social** : affirmation du rôle sociétal dans son cœur de métier en interne (salariés) et en externe (produits et services) ;
- **l'impact écologique** : engagement dans la transition en matière d'éco-consommation et d'éco-conduite ;
- **le partage du pouvoir** : transparence quant aux décisions prises par les dirigeants, la gouvernance, la parité, etc. ;
- **le partage de la valeur** : instauration d'une stratégie financière éthique avec des modes de gestion équitables et transparents.

Ainsi, « l'entreprise à impact positif » va un cran plus loin dans ses engagements et traduit une spirale positive que rendent de plus en plus incontournable les attentes des salariés et des consommateurs.

5. LE BESOIN D'UNE NOUVELLE GOUVERNANCE ET D'UNE AUTRE FORME DE LEADERSHIP

Tous les bouleversements et les mutations que les organisations traversent ont bien sûr une incidence sur le leadership attendu et les modes de management qui en découlent. Les figures d'autorité légitimes, autrefois

24. https://www.ecologie.gouv.fr/ODD

25. https://www.impactfrance.eco/manifeste

hiérarchiques et pyramidales, changent, les priorités évoluent pour les salariés et toutes les générations sont concernées, pas seulement les jeunes… Aujourd'hui, si certaines entreprises (GAFA, NATU) doivent rester à la pointe de l'innovation en attirant les talents et en les faisant s'épanouir à leur service, d'autres doivent se réinventer sous peine de disparaître… Le modèle consistant à faire « toujours plus de la même chose » est révolu et le dirigeant est aujourd'hui attendu sur son aptitude à donner du sens et à accompagner la transformation de l'organisation. Au-delà de ses compétences techniques, on attend de lui qu'il fasse preuve d'Intelligence Émotionnelle, d'empathie et de bienveillance mais aussi (excusez du peu), qu'il soit « créatif », « authentique » et « courageux » dans sa prise de décision et sa communication. Quant aux managers, on attend d'eux qu'ils soient plus à l'écoute et qu'ils intègrent la dimension personnelle et émotionnelle de leurs collaborateurs. Une évolution récente a vu émerger le rôle (pas toujours simple) de manager-coach comme si le manager se centrait sur les tâches là où le coach devait davantage s'orienter sur le développement du potentiel humain.

6. LES APPORTS DE LA PSYCHOLOGIE POSITIVE APPLIQUÉE AU TRAVAIL

Une histoire récente

C'est en étudiant les forces et les ressources qui favorisent le bien-être et la performance des individus, des groupes et des institutions qu'en 1998, Martin Seligman[26], nouveau président de l'Association américaine de psychologie (AAP), affirme lors de sa première allocution que le temps est venu pour la recherche en psychologie, de s'intéresser aux caractéristiques

26. Martin Seligman a inspiré plusieurs clés de cet ouvrage avec son modèle PERMA (*Positive emotions, Engagement, Relationships, Meaning, Achievement*) développé un niveau de la personne et étendu ici à l'organisation dans son ensemble.

positives de l'expérience humaine et plus seulement à ses pathologies. Le mouvement de la Psychologie Positive est né... Contrairement à ce que d'aucuns caricaturent en injonction à être heureux, à nier les expériences difficiles ou désagréables de la vie ou encore à toujours « penser positif », celle-ci se caractérise par « *l'étude scientifique des conditions et processus qui contribuent au fonctionnement optimal des personnes, des groupes et des organisations en termes de développement et d'épanouissement*[27] ». Validée par des recherches empiriques, c'est-à-dire des études ou des expériences dont les conclusions sont strictement tirées de preuves concrètes et « vérifiables », son objectif vise à promouvoir l'épanouissement (*flourishing*) et l'accomplissement de soi (*fulfillment*) au niveau individuel, groupal et social.

Les deux grands courants de recherche de la Psychologie Positive au travail

Dans le domaine de la Psychologie Organisationnelle Positive (POP), on retrouve deux grands champs d'étude distincts mais complémentaires :

- le **Comportement organisationnel positif** (*Positive Organizational Behavior)*, qui se concentre principalement sur l'identification et l'expression des forces individuelles en environnement professionnel avec la notion de Capital Psychologique (optimisme, sentiment d'efficacité personnelle, espoir, résilience) notamment[28].
- l'**Étude organisationnelle positive** (*Positive Organizational Scholarship)* s'attache pour sa part aux aspects positifs du contexte organisationnel et à leurs effets sur la santé, les attitudes, les comportements et la performance des travailleurs. En parallèle à cette idée que l'épanouissement des individus au travail et le développement de leur plein potentiel dépendent du contexte organisationnel, celle-ci considère également

27. Gable S.L., & Haidt J. (2005), « What (and why) is positive psychology? », *Review of general psychology*, *9*(2), 103-110.

28. Luthans F. (2002), « The need for and meaning of positive organizational behavior », *Journal of Organizational Behavior: The International Journal of Industrial, Occupational and Organizational Psychology and Behavior*, *23*(6), 695-706.

que dans les organisations du travail, « *le désir d'améliorer la condition humaine est universel et que la capacité de le faire est latente dans la plupart des systèmes*[29] ».

Finalement, quelle que soit l'orientation des recherches, leur finalité est la même : il ne s'agit pas tant de chercher à comprendre comment « prévenir » ou « éviter » la souffrance au travail (même si cela reste bien sûr indispensable), que d'identifier les facteurs qui peuvent le rendre épanouissant et source de bien-être pour les individus comme :

- la qualité de vie au travail (QVT) et l'équilibre vie professionnelle-vie personnelle ;
- le plaisir au travail et les émotions positives qui y sont associées ;
- le sens au travail ;
- la capacité à mieux vivre les expériences difficiles et en ressortir plus fort (résilience) ;
- la performance « anormale ».

À nouvelle approche, nouveau mode d'évaluation… Ainsi, au-delà de la mesure classique de la santé au travail, du taux d'absentéisme ou d'accidents du travail, on ne compte plus les modèles d'enquête pour mieux comprendre les facteurs d'engagement et de satisfaction au travail dont la recherche nous confirme, étude après étude, que ce sont eux qui nourrissent la performance et non l'inverse. À ce titre, **ce sont les employés qui se déclarent le plus « heureux » au travail qui prennent moins de jours de maladie, gagnent plus en moyenne, sont plus motivés, plus engagés, plus créatifs et sont de meilleurs leaders**[30].

29. Cameron K., & Dutton J. (Eds.) (2003), *Positive organizational scholarship: Foundations of a new discipline*, Berrett-Koehler Publishers.

30. Cameron, 2008 ; Cameron *et al.*, 2004.

Accompagner la transition par le Coaching appréciatif/positif

Sur le plan individuel ou collectif, le Coaching positif/appréciatif s'appuie sur le principe que l'identification de ses forces permet à l'individu ou au groupe de développer sa confiance dans sa capacité à exprimer tout son potentiel « ici et maintenant » dans les diverses situations ou événements qui se présentent à lui. C'est aussi le socle sur lequel se forge la conviction de pouvoir œuvrer à ce à quoi il aspire dans le futur. Il n'est bien sûr pas question d'occulter les problèmes et les difficultés mais plutôt de favoriser la « re-connaissance » et la « re-connection » à ses ressources et d'agir de façon concrète et opérationnelle pour lui permettre de « *mieux se comprendre lui-même, de modifier la représentation qu'il a de lui-même et partant, ses attitudes et le comportement qu'il se dicte à lui-même*[31] ».

Il ne s'agit pas alors de provoquer ou même d'accompagner un « changement », terme qui traduit une réalité concrète, objective et observable mais davantage de « faciliter » un processus de transition. Ainsi, le travail n'est pas centré sur l'obtention d'un « résultat » (le changement) qui, préalablement défini, induirait une approche formatée, un « chemin à suivre » comme une recette à appliquer. Si le « *terme de "changement" désigne une réalité, concrète, objective…, le terme de "transition" désigne une réalité psychologique, subjective. Il ne s'applique pas aux événements extérieurs, mais aux adaptations internes que ces événements impliquent*[32]. » Dans cette perspective au niveau de l'organisation, accompagner la transition repose moins sur le bistouri des tableaux Excel ou le scalpel des fusions acquisitions et autres techniques et méthodes où il est question « d'agir sur » mais plutôt une forme « d'ostéopathie organisationnelle » où il s'agit de « faire avec » en choisissant de révéler et de s'appuyer sur les forces et les ressources de l'organisme en transformation.

31. Rogers C.R. (1966), « Le développement de la personne », *Les Études Philosophiques*, 21(4).

32. Bridges W. (2006), *Transitions de vie, Comment s'adapter aux tournants de notre existence.*

PARTIE 2

LES 10 CLÉS DE L'ORGANISATION POSITIVE

CLÉ N° 1

Encourager un « État d'esprit de développement[1] »

« Que vous pensiez être capable ou ne pas être capable, dans les deux cas, vous avez raison. »

Henry Ford

1. En anglais : « *Growth Mindset* ».

En quelques mots...

Dans le langage populaire, « avoir » ou « être » dans le bon état d'esprit est souvent invoqué pour qualifier une attitude intérieure qui traduit l'humeur, l'émotion, le sentiment ou encore la motivation ressentis à l'égard de la situation présente ou d'un événement ou une rencontre à venir. En fonction de sa perception par la personne qui l'éprouve ou de celle qui porte un regard extérieur, celui sera qualifié de « bon » ou « mauvais ».

Du point de vue de la Psychologie Positive, l'état d'esprit en environnement professionnel traduit la manière dont chacun envisage sa responsabilité et son impact sur ses réussites, ses échecs ainsi que les efforts qu'il est prêt à consentir pour atteindre ses objectifs. Ces croyances conditionnent des comportements qui produisent des « résultats » ; ces résultats viennent à leur tour renforcer les croyances initiales. Un peu comme un programme fonctionnant à notre insu, notre perception du monde forge peu à peu une « réalité » plus ou moins porteuse de satisfactions, de perspectives d'évolution et de confiance en nos ressources pour nous épanouir et réussir dans notre activité professionnelle.

À l'échelle de l'organisation, l'état d'esprit collectif est un élément essentiel de la « culture d'entreprise » et à ce titre, un facteur décisif de sa capacité à s'adapter et à innover. **Dans l'Organisation Positive, créer et cultiver un « État d'esprit de développement » au niveau individuel et collectif est au cœur des préoccupations de ses leaders.**

CE QUE NOUS DIT LA RECHERCHE

À l'origine : le concept d'« Impuissance apprise » de Martin Seligman[2]

L'EXPÉRIENCE INITIALE

Celle-ci se déroule en deux phases :

+ PREMIÈRE PHASE : TROIS GROUPES DE CHIENS SONT ATTACHÉS À UN HARNAIS.

- Premier groupe : les chiens sont simplement attachés à leur harnais pendant un court instant, puis sont libérés.
- Deuxième groupe : les chiens reçoivent intentionnellement un choc électrique qu'ils peuvent arrêter en pressant un levier.
- Troisième groupe : les chiens attachés en parallèle aux chiens du groupe 2, ils subissent le même choc électrique mais ils n'ont pas la possibilité de l'arrêter.

La seule façon pour les chiens du 3e groupe d'arrêter le choc : qu'un chien du groupe n° 2 actionne son levier.

➢ Après l'expérience, alors que les chiens des groupes 1 et 2 se rétablissent rapidement, ceux du groupe 3 ont appris à être impuissants et ont montré des symptômes similaires à la dépression chronique

+ DEUXIÈME PHASE : LES MÊMES GROUPES DE CHIENS SONT MIS DANS UN NOUVEAU DISPOSITIF OÙ IL LEUR SUFFIT DE SAUTER PAR-DESSUS UN PETIT MURET POUR ÉVITER LE CHOC

➢ Les chiens du groupe 1 et 2 ont sauté par-dessus le muret. Tous les chiens du groupe n° 3 qui ont « appris » qu'il leur était impossible d'arrêter les chocs, sont restés passivement immobiles en gémissant alors que, comme l'ont fait les chiens des groupes n° 1 et n° 2, ils auraient pu facilement échapper aux chocs. Ceux-ci n'ont même pas essayé !

2. Peterson C., & Seligman M.E. (1983), « Learned helplessness and victimization », *Journal of Social Issues*, *39*(2), 103-116.

Malgré tout il y a de l'espoir : finalement les chiens du groupe n° 3 ont réussi à se sortir de l'impuissance acquise, lorsque les expérimentateurs les ont portés à plusieurs reprises par-dessus le muret. En faisant cela, ils leur ont montré qu'il était effectivement possible de se sortir de cette situation et ils ont pu alors sauter d'eux-mêmes lorsque l'expérience a été renouvelée.

Étudiée sur des animaux avant que ses conclusions soient démontrées chez l'être humain, la recherche sur l'Impuissance Apprise nous enseigne qu'un individu, placé de façon durable ou répétée dans un environnement ou une situation stressante et nuisible sur lesquels il n'exerce aucun contrôle, finit par tomber dans un état de détresse cliniquement semblable à la dépression. Autrement appelée « Théorie du désespoir »[3], celle-ci révèle que celui qui comprend que toute action de fuite ou de rébellion est inefficace, finit par capituler et se résigner passivement à son sort. Cette résignation a de nombreuses conséquences physiques et psychologiques (troubles de la mémoire, agitation et mobilité incessantes, absence de peur, manque de motivation…)[4].

Seligman souligne plus particulièrement trois d'entre elles :

- le traumatisme réduit la motivation à répondre aux stimuli extérieurs ;
- les expériences traumatiques freinent, voire empêchent l'apprentissage de nouvelles réponses et de nouveaux comportements ;
- cet état est un des facteurs de la dépression et/ou de l'anxiété.

Selon lui, l'Impuissance Apprise peut prendre deux formes qui peuvent chacune conduire à la dépression :

1. **L'impuissance personnelle** : la personne pense que si les autres peuvent l'aider à trouver une solution à sa souffrance ou son mal-être, elle en est personnellement incapable.

3. Alloy L.B., Abramson L.Y., Metalsky G.I., & Hartlage S. (1988), « The hopelessness theory of depression: Attributional aspects », *British Journal of Clinical Psychology*, *27*(1), 5-21.

4. Lilly R., Cummings J.L., Benson D.F., & Frankel M. (1983), « The human Klüver-Bucy syndrome », *Neurology*, *33*(9), 1141-1141.

2. **L'impuissance universelle** : la personne pense qu'il n'y a rien à faire dans sa situation et que personne ne peut la soulager de sa souffrance ou de son mal-être.

> *Remarque*
>
> Là où les individus qui ressentent de « l'impuissance universelle » ont tendance à trouver des raisons externes à leurs problèmes et à leur incapacité à les résoudre, celles qui ressentent de « l'impuissance personnelle » ont tendance à expliquer leurs difficultés par des raisons internes. Dans les deux cas, il y a un impact sur le sentiment d'estime personnelle et l'intensité de la dépression qui en résulte n'est pas la même selon que le sentiment d'impuissance est ponctuel (un court événement où l'on s'est senti impuissant), ou chronique (un sentiment d'impuissance sur une période de temps longue).

De l'« Impuissance apprise » à l'« État d'esprit de développement »

À la fin des années 1960, Carol S. Dweck, PhD et chercheuse en psychologie à Stanford, commence à mener ses premières études sur des enfants à partir du concept d'« Impuissance apprise » développé par M. Seligman. Sa question initiale : « *Qu'est-ce qui fait qu'un enfant plein de capacité abandonne lorsqu'il est confronté à un échec alors qu'un autre va y trouver au contraire une source de motivation*[5] ? » En étendant ses recherches aux adultes, elle arrive finalement à la conclusion qu'il n'y a que deux types d'état d'esprit (*Mindset*) : l'« État d'esprit fixe » (*Fixed Mindset*) et l'« État d'esprit de développement » (*Growth Mindset*). Acquises dans notre enfance, ces deux façons de voir la vie se renforcent ensuite pour conditionner, le plus souvent à notre insu, notre attitude spontanée face aux défis bien sûr, mais plus généralement à tous les événements et situations de notre vie. Ainsi, selon son environnement et les feedbacks qu'elle reçoit, une personne peut être influencée dans une direction ou dans une autre.

5. Dweck C.S. (2008), *Mindset: The new psychology of success*, Random House Digital, Inc.

L'État d'esprit fixe

Une personne dont « l'État d'esprit fixe » est prédominant considère que **sa personnalité, son caractère, sa créativité et son intelligence sont des qualités figées qui ne peuvent pas ou peu évoluer** : « Les choses sont ce qu'elles sont, une fois pour toutes et il n'y a rien à y faire ! » Le succès est donc la confirmation de cette croyance en une forme d'intelligence innée. En accordant une grande importance au jugement de l'autre à son égard, une personne animée d'un état d'esprit plutôt fixe cherche par tous les moyens à préserver son image d'elle-même évitant tout ce qui pourrait la remettre en cause. Il faut donner l'impression de « maîtriser », de « rester cool » en toutes circonstances et de laisser paraître que les résultats semblent faciles à atteindre sous peine de faire la démonstration de son manque d'intelligence. Dans ce cas, « faire des efforts » est bien la preuve que l'on n'est pas à la hauteur ! Ainsi, sous peine que son manque de capacité soit révélé au grand jour, celle-ci aura tendance à préserver les apparences et à « sauver la face » en adoptant des comportements consistants à :

- éviter les challenges et cultiver une attitude de défense ;
- abandonner facilement face à un obstacle ;
- dévaloriser les efforts et penser qu'ils sont inutiles ;
- mentir et cacher la vérité pour sauver la face ;
- refuser ou ignorer les critiques et les retours négatifs ;
- se sentir menacé ou jaloux du succès des autres.

Dès lors, toute situation potentielle qui renferme de l'incertitude sur le résultat final présente un risque et induit un comportement d'évitement. Autant dire que cela ne va pas dans le sens de la « remise en question(s) », l'acceptation du changement et la prise de risque pour élargir sa zone de confort que requièrent toutes formes d'apprentissage. Sur le plan professionnel, cultiver un « État d'esprit fixe » n'est pas sans conséquences :

- manque de « vraie » confiance en soi ;
- sensation plus rapide d'atteindre son seuil d'incompétence ;

- difficulté, voire incapacité à saisir les opportunités d'évolution par peur d'échouer ;
- sentiment d'imposture et peur d'être démasqué ;
- difficulté à être authentique ;
- difficulté à faire preuve de créativité ;
- incapacité à se remettre des échecs et à en tirer les leçons ;
- sentiment de menace, peur d'être « dépassé » et d'être en conflit avec un monde qui évolue toujours plus vite vers toujours plus de complexité.

➢ Un rapport difficile à l'échec

Celui-ci va conditionner fortement les comportements d'une personne à l'État d'esprit fixe. En effet, selon elle, c'est l'échec qui définit sa perception d'elle-même... Du résultat d'une action : « j'ai échoué », l'échec devient le marqueur de l'identité : « Je suis un(e) raté(e). » Les recherches de Carol Dweck en la matière révèlent que **lorsqu'une personne ne pense pas être capable de changer ou tout au moins d'avoir un impact sur sa situation, elle a tendance à y répondre de façon négative**. Blâmer les autres, trouver des excuses, faire preuve d'apathie ou d'agressivité, voire tomber dans une forme de dépression, seront autant de stratégies de défense de sa part pour garder une bonne image d'elle-même. À l'extrême, la peur de l'échec ou atychiphobie, peut devenir un trouble débilitant qui se caractérise par une aversion malsaine au risque ou une forte résistance à accepter la vulnérabilité.

➢ La face cachée du mythe des « Talents »

Lorsque des personnes travaillent pour une entreprise qui les recrute, les estime et les promeut en plaçant leurs talents au-dessus de tout le reste, le risque est grand qu'elles tentent par tous les moyens de préserver cette image d'elles-mêmes au risque de porter préjudice à l'organisation. En outre, comme de nombreux exemples en attestent tant dans le domaine des affaires, du sport, de la musique ou du cinéma, associer les talents n'est pas toujours un gage de succès, loin s'en faut...

LE CAS ENRON

Une culture d'État d'esprit fixe

Cette mythologie des talents a conduit (et conduit toujours) de nombreuses entreprises à considérer la « chasse au talent » comme l'arme absolue face à la concurrence. Pour Malcolm Gladwell et Carol Dweck, cet « état d'esprit des talents » est à l'origine de l'affaiblissement, voire de l'effondrement de gigantesques entreprises. Au début des années 2000, l'entreprise Enron du secteur de l'énergie, réalise un chiffre d'affaires d'environ 100 milliards de dollars (7e rang au classement Fortune 500) et compte près de 20 000 employés. Fin 2001, l'entreprise fait faillite en quelques mois et la valeur de l'action en bourse passe de 90 $ à... pratiquement 0 $! Parmi toutes les preuves réunies pour expliquer le plus grand scandale financier des 40 dernières années, l'étude des emails échangés par les 150 « top managers » d'Enron (*Exploration of communication Networks from the Enron Email Corpus* de Diesner & Carley, 2005) sera décisive pour comprendre un dysfonctionnement généralisé sur fond d'une déréglementation sans contrôle et des excès que peut engendrer le marché. La culture managériale toxique d'Enron était fondée sur le recrutement de « grands talents » qui, pour justifier des packages financiers mirobolants, cultivaient un comportement de compétition poussé à outrance et où le besoin de « paraître » pouvait justifier les pratiques les plus cyniques. Finalement, même placés devant les preuves irréfutables de la déviance de leurs comportements, la plupart des dirigeants d'Enron n'accepteront aucune remise en question et chercheront jusqu'au bout à préserver leur statut de « talents ».

L'État d'esprit de développement

Pour une personne animée d'un tel état d'esprit, **sa personnalité, ses qualités, son intelligence peuvent toujours être développées et améliorées**. Selon elle, c'est justement sur cette capacité à évoluer qu'elle peut s'appuyer pour réussir et sa motivation intrinsèque repose sur la curiosité et son corollaire : le désir d'apprendre ! Cela se traduit par des croyances et des comportements qui l'amènent à :

- aimer et rechercher les défis ;
- toujours repousser ses limites ;
- croire que l'effort est le chemin qui mène à l'excellence ;

- considérer que l'on apprend toujours des échecs et des critiques ;
- s'inspirer et apprendre du succès des autres.

> *« Avec chaque état d'esprit vient une perception spécifique du monde. Avec l'état d'esprit "fixe", le succès est perçu lorsque l'on arrive à prouver que l'on est intelligent ou talentueux. On a besoin de la validité des autres. Avec l'état d'esprit "développement", le succès consiste à apprendre quelque chose de nouveau, à évoluer personnellement. Dans le premier cas de figure, l'échec est de ne pas atteindre son objectif. Avoir une mauvaise note à l'école. Perdre un tournoi. Perdre son travail. Se sentir rejeté. L'échec implique que l'on n'est pas assez intelligent ou talentueux. De plus, devoir faire un effort est perçu comme quelque chose de désagréable, car cela implique que l'on n'est pas assez talentueux ou intelligent (et cela expose la personne à la possibilité d'un échec). Dans le second cas de figure, l'échec consiste à stagner et à ne pas évoluer. Ne pas atteindre son potentiel. Faire un effort est dans ce cas l'ingrédient indispensable pour s'améliorer et évoluer[6]. »*

Ainsi, comme l'illustre de nombreuses études en la matière, ce n'est pas les prédispositions ou le talent qui conduisent au succès mais bien davantage la pratique régulière et la persévérance dans l'effort vers leurs objectifs qui permettent à ceux et celles qui cultivent cet État d'esprit de développement d'atteindre les plus hauts niveaux d'accomplissements personnels et d'en retirer les plus profonds sentiments de satisfaction et de contribution à tout ce qui donne un sens plus intense à leur existence[7]…

6. *Ibid.*

7. Anders Ericsson K. (2008), « Deliberate practice and acquisition of expert performance: a general overview », *Academic emergency medicine*, 15(11), 988-994.

État d'esprit fixe		État d'esprit de développement
Innées	**COMPÉTENCES**	Dépendent de non-attention, mes efforts et ma quantité de travail.
Doivent être évités. Peuvent révéler mon manque de compétences.	**DÉFIS**	Opportunités de grandir, de progresser, de m'améliorer.
Quelque chose que je fais quand je ne suis pas assez bon.	**EFFORTS**	Essentiels… sont le chemin vers l'apprentissage.
Me met sur la défensive. J'ai tendance à me braquer.	**ÉCHECS**	Utiles… Me permet d'identifier ce sur quoi je dois travailler pour progresser.
Indicateurs de mon manque de capacité ou de talent. Preuve de mon incapacité à être à la hauteur et à changer.	**FEEDBACKS**	Des opportunités de se remettre en question, d'apprendre et de progresser.

À MÉDITER…

Le commun des mortels est très rarement tout l'un ou tout l'autre. Généralement, nous sommes tous un doux mélange d'État d'esprit fixe et d'État d'esprit de développement en fonction des situations, des moments de vie ou des activités. Ainsi, la même personne peut faire preuve d'un État d'esprit de développement lorsqu'il s'agit d'apprendre et de s'ouvrir à de nouvelles idées ou de nouveaux concepts et être totalement dans un État d'esprit fixe lorsqu'il s'agit de s'attaquer au montage d'un meuble suédois !

L'État d'esprit de développement s'apprend et se cultive !

L'apport des neurosciences

Depuis quelques années, les progrès extraordinaires des recherches dans ce domaine démontrent que notre cerveau est plus « malléable » dans le temps que nous ne l'avions jamais imaginé[8]. **La neuroplasticité ou**

8. Doidge N. (2017), Les *étonnants pouvoirs de transformation du cerveau : guérir grâce à la neuroplasticité*, Belfond.

plasticité neuronale exprime la capacité du cerveau à créer, défaire ou réorganiser les réseaux de neurones et les connexions de ses neurones. Celle-ci nous enseigne que les apprentissages ont un impact positif sur les aspects fondamentaux de notre intelligence[9] et que le dévouement et la persistance face aux obstacles sont de forts prédicteurs d'accomplissements exceptionnels[10].

Quelles croyances choisissons-nous d'entretenir ?

Nous avons le choix : nous pouvons « rester sur nos positions » ou nous pouvons changer notre état d'esprit qui n'est jamais qu'un « système de croyance », une construction mentale. Pour cela, il s'agit de s'entraîner peu à peu à identifier et « mettre en travail » nos modèles mentaux, autrement dit nos *a priori* ou préjugés qui régissent de façon inconsciente la plupart de nos comportements. Ceux-ci ne sont jamais que des grilles de lecture le plus souvent héritées de nos parents, notre milieu social et plus largement de la culture dominante et des normes qui nous ont été inculquées. Il ne s'agit pas ici de tout rejeter en bloc mais bien de prendre conscience de ce qui nous freine et nous empêche d'exploiter pleinement tous nos potentiels pour vivre une vie plus épanouie et cela tant sur le plan professionnel que personnel.

C'est le bien-être qui est la cause de la réussite et non l'inverse !

Pendant très longtemps, la croyance dominante consistait à penser que travailler dur était la clef de la réussite et que par voie de conséquence, connaître cette réussite nous rendrait plus heureux. À l'instar de Copernic, qui remit en question le dogme d'un univers où l'on pensait que le soleil tournait autour de la Terre, la recherche en Psychologie Positive a révolutionné ce qui prévalait jusqu'alors en découvrant que, contrairement à

9. Sternberg R.J., & Davidson J.E. (eds.) (2005), *Conceptions of giftedness* (vol. 2), New York, Cambridge University Press.

10. Miller S.D., & Hubble M.A. (2016), « The road to mastery », *Techniques for the Couple Therapist: Essential Interventions from the Experts*, 15.

la croyance commune, c'est lorsque nous sommes heureux, « bien dans notre peau », que nous mettons de notre côté toutes les chances de réussir. De fait, nous réussissons plus et mieux parce que nous sommes plus positifs, intelligents, créatifs, sociables, motivés... Bref, **la performance et le succès sont une conséquence et non la cause de notre bien-être**[11] !

Le sentiment d'auto-efficacité

Développée par le psychologue canadien Albert Bandura, **la notion de sentiment d'auto-efficacité se réfère à la confiance que nous avons dans notre capacité à mobiliser et à produire l'effort pour relever les défis** qui se présentent à nous et réussir à atteindre nos objectifs. C'est la sensation d'être compétent dans un domaine donné, la conviction selon laquelle : « on peut le faire ! » Selon lui, un bon niveau de sentiment d'auto-efficacité peut produire trois effets positifs chez une personne[12], elle :

- se fixe des objectifs plus ambitieux et exigeants tout en restant accessibles ;
- persévère et consent à davantage d'efforts dans le temps pour atteindre son but ;
- démontre davantage de résilience face aux imprévus et difficultés.

> *« D'après Bandura, le système de croyances qui forme le sentiment d'efficacité personnelle est le fondement de la motivation et de l'action, et partant, des réalisations et du bien-être humains... si les gens ne croient pas qu'ils peuvent obtenir les résultats qu'ils désirent grâce à leurs actes, ils ont bien peu de raisons d'agir ou de persévérer face aux difficultés*[13]*. »*

11. Achor S. (2012), *Comment devenir un optimiste contagieux*, Belfond.

12. Bandura A., & Locke E.A. (2003), « Negative self-efficacy and goal effects revisited », *Journal of applied psychology, 88*(1), 87.

13. Carré P. (2004), « Bandura : une psychologie pour le XXIe siècle ? » *Savoirs*, (5), 9-50.

L'optimisme : un facteur essentiel de l'État d'esprit de développement

Pensez-vous que votre niveau d'optimisme a un impact sur votre réussite professionnelle ? En tout cas, c'est ce que nous apprend la recherche à travers les deux courants majeurs qui en étudient aussi bien les origines que les moyens de le développer :

L'optimisme comme disposition[14]...

Dans cette approche, l'optimisme est un trait relativement stable de la personnalité fondé sur les attentes générales de la personne. Celui-ci a des conséquences importantes sur la façon dont elle s'adapte aux difficultés ou aux situations stressantes. Les personnes vont donc adopter deux types de comportements différents selon leurs attentes : continuer à fournir des efforts ou renoncer et prendre une autre voie. Les optimistes savent « faire face » et affronter les problèmes auxquels ils sont confrontés. Acceptant la réalité, ils « font ce qu'il y a à faire » pour surmonter les difficultés et imaginer des solutions pour améliorer leur situation. Ainsi, être optimiste permet de mieux vivre les événements difficiles de l'existence et diminue l'impact des moments de stress tant sur le plan physique qu'émotionnel.

L'optimisme comme style explicatif[15]...

Ici, l'optimisme fait référence à « l'histoire que se raconte » une personne lorsqu'elle fait face à un événement négatif ou incontrôlable. Dans ce cas, celle-ci se demande pourquoi cet événement lui arrive et la réponse qu'elle (se) donne détermine comment elle sera en mesure

14. Scheier M.F., & Carver C.S. (1992), « Effects of optimism on psychological and physical well-being: Theoretical overview and empirical update », *Cognitive therapy and research*, 16(2), 201-228.

15. Kinderman P., & Bentall R.P. (1996), « A new measure of causal locus: the internal, personal and situational attributions questionnaire », *Personality and Individual differences*, *20*(2), 261-264.

de s'y adapter ou non. Cette auto-explication repose sur trois facteurs qui agissent en parallèle :

1. Lien de causalité

Question qui se pose : « Est-ce que la cause de cet événement est due à quelque chose qui me concerne (attribution interne) ou se rapporte-t-elle à d'autres personnes ou circonstances (attribution externe) ? »

Ex : « J'ai perdu mon job, tout est de ma faute, je suis nul… »

2. Lien de stabilité

Question qui se pose : « Est-ce que la cause de l'événement qui se produit aujourd'hui sera encore présente dans l'avenir (attribution stable) ou non (attribution instable) ? »

Ex : « J'ai encore échoué aujourd'hui à mon exam et ce sera toujours comme ça en math. »

3. Lien de globalité

Question qui se pose : « Est-ce que la cause de cet événement influence plusieurs aspects de la vie de la personne (attribution globale) ou n'influence-t-elle qu'un aspect particulier (attribution spécifique) ? »

Ex : « De toute façon, quoi que je tente, cela ne marche pas… »

Les individus qui s'expliquent d'une manière interne, stable et globale les événements négatifs qui leur arrivent, ont davantage tendance à devenir dépressifs lorsque ces événements surviennent. En outre, si l'optimisme n'est pas directement héréditaire, le « Style Explicatif » d'une personne se développerait dès l'enfance par le processus d'apprentissage social[16].

À MÉDITER…

Si les approches peuvent diverger sur ce qui explique l'optimisme, tous les chercheurs s'accordent sur le fait que l'on peut développer sa tendance plus ou moins naturelle à l'optimisme ! Que cela passe par la prise de conscience de son Style Explicatif, la reprogrammation de son « discours interne », la visualisation positive et la méditation, il y a de nombreuses pistes à explorer pour « apprendre l'optimisme »…

16. Peterson C. (2000), « The future of optimism », *American psychologist*, 55(1), 44.

CE QUE J'AI APPRIS DE L'EXPÉRIENCE

« Dis Papa, à quel moment ça commence ? »

Faire la différence aujourd'hui entre les (mes) deux formes d'état d'esprit me permet de voir comment cela a pu influencer certains de mes choix et comportements du passé. Pour commencer, je fais partie des victimes du terrible « Bien, mais peut mieux faire ! » Est-ce un fond de délire de persécution transgénérationnel, une légère tendance paranoïaque ou tout simplement comme disait ma grand-mère, ma tendance à me faire des « nœuds au cerveau »... Toujours est-il que je le traduisis bien vite dans mon esprit en « Jamais assez ! », puis tout naturellement en « Je ne suis pas assez bien... En tout cas, pas comme il faudrait que je le sois ! » Ainsi, loin de renforcer et d'encourager mon goût de l'effort à l'adolescence, cela eut pour effet de susciter au pire la résignation, au mieux une attitude « touche à tout » pour trouver des sources de reconnaissance et de gratification rapides. Insidieusement, mon « État d'esprit fixe » y trouva plus souvent de bonnes raisons de fonder d'abord la confiance en soi et l'estime de soi sur le regard et l'appréciation de l'autre que de cultiver un sentiment de sécurité intérieure.

« Tu seras commercial mon fils... »

Contrairement à l'idée que se font beaucoup de gens du « commercial » sûr de lui et plein de bagout, la réalité est que cette attitude extérieure masque dans bien des cas un manque d'assurance et de véritable confiance en soi. Ainsi, en compétition permanente, dans une course où chaque jour, semaine, mois et année, les « compteurs sont remis à zéro », la condamnation à atteindre son objectif se traduit souvent par la peur de l'échec et la difficulté à recevoir les feedbacks autrement que comme des critiques. Chez bon nombre d'entre eux comme d'ailleurs pour beaucoup de managers qui réussissent, c'est paradoxalement ce succès qui les incite à rester dans leur « zone de confort », voire à refuser toute forme de promotion par peur de tomber de leur piédestal… Un jour ou l'autre pourtant la réalité s'impose : il y a toujours un tireur plus rapide à l'Ouest du Pecos ! Vous me direz, l'inverse est aussi vrai : cela se traduit alors par une succession de postes avec une telle rapidité que l'on observe une tendance au syndrome de l'imposteur et des trajectoires qui ne laissent pas le temps de récolter les fruits, bons ou mauvais, de ses décisions et de ses actions.

« Hé Alain[17], c'est comment qu'on freine ? »

Ignorant à l'époque de mes « Forces de caractère » (➢ Clé n° 2), c'est le besoin irrépressible, de gravir l'échelle de mon ami Maslow, qui m'amena à me risquer dans l'inconnu en prenant très tôt la responsabilité d'une première équipe de commerciaux. Je mesure aujourd'hui comment, au-delà des bonnes intentions, le fait de connaître les diverses composantes et conséquences des deux formes d'état d'esprit aurait pu m'aider à mieux les comprendre et mieux les accompagner à non pas « sortir » de leur zone de confort, mais à « l'élargir » à travers un questionnement, une interprétation et des pistes d'actions plus pertinentes. Bien des années plus tard, je constate également dans ma pratique du coaching individuel et collectif à quel point l'état d'esprit d'une personne ou d'un groupe influence directement la perception qu'il se construit en grande partie de manière inconsciente, de ce qui lui est possible de réaliser ou pas. Autant de prophéties autoréalisatrices qui viennent confirmer nos croyances à travers les résultats

17. Bashung.

obtenus renforçant ainsi trop souvent un sentiment d'impuissance. À ce titre, il est toujours édifiant de découvrir la manière dont les dirigeants et les collaborateurs formulent « ce qui se dit et ne se dit pas », « ce qui se fait et ne se fait pas » dans leur organisation. Ces croyances et surtout ce sur quoi elles se fondent, constituent les principes de la sacro-sainte « culture d'entreprise ». Elles sont souvent révélatrices de l'état d'esprit qui y prédomine lorsqu'il s'agit de faire face à l'incertain, l'inconnu et la complexité de l'environnement dans lequel elle évolue.

LES APPLICATIONS PRATIQUES EN ENVIRONNEMENT PROFESSIONNEL

La personne au travail

Contrairement aux idées reçues : il faut le croire pour le voir !

Qu'il s'agisse d'entrer dans la vie active, d'accepter un nouveau poste, de prospecter un nouveau client, de prendre la parole en public, de devenir manager... C'est en général au travail que nous affrontons le plus de défis au quotidien. C'est là que les occasions « d'élargir notre zone de confort » pour apprendre de nouvelles façons de penser et de faire sont les plus nombreuses. Le revers de la médaille ? Le risque d'échouer et de perdre son crédit, voire pire sa légitimité. Aussi, en environnement professionnel, nos résultats tant en termes de satisfaction que de performance, sont pour beaucoup liés à la perception que nous avons sur ce qui dépend de nous quant à nos réussites et nos échecs, ainsi qu'aux efforts à consentir pour atteindre nos objectifs. Plus largement, cela impacte directement notre engagement (➢ Clé n° 4), et la façon dont nous prenons et assumons des responsabilités. Apprendre à cultiver un État d'esprit de développement nécessite de voir et d'intégrer l'échec comme quelque chose de normal, voire d'indispensable à tout processus d'apprentissage. Le refus d'un projet par la direction, l'objection d'un client à une proposition commerciale, l'échec suite à une prise de nouvelles responsabilités ne sont dès lors qu'invitations à « revoir nos plans » et à « développer de nouvelles stratégies » pour atteindre les buts que nous nous sommes fixés par nous-même et pour nous-mêmes.

Pratique positive n° 1 : Cultiver un État d'esprit de développement
Pratique positive n° 2 : Identifier nos déclencheurs
Pratique positive n° 3 : Revisiter notre rapport à l'échec
Pratique positive n° 4 : Découvrir le pouvoir du « jusqu'à maintenant »

Le manager et l'équipe

Les risques d'un État d'esprit fixe

Il semble assez évident d'imaginer les conséquences de l'État d'esprit fixe d'un manager sur les besoins des membres de son équipe en matière de reconnaissance, de motivation et d'encouragement à la prise de risques pour innover. Dans ce cas, celui-ci aura tendance à apprécier les qualités de ses collaborateurs de façon assez catégoriques, c'est-à-dire : doués ou non, intelligents ou non, capables ou pas... Cette attitude aura pour résultat d'ignorer des problèmes persistants ou au contraire de se séparer d'un collaborateur à la première difficulté. Pour ce manager, l'objectif sera davantage de repérer ceux et celles qui lui ressemblent que d'accompagner la montée en compétences et le développement du plus grand nombre. Centré sur l'intelligence et la performance à court terme, incapable d'imaginer le potentiel à développer chez l'autre ou dans le collectif, ce type de manager ne favorisera pas plus l'engagement de chacun à donner le meilleur de lui-même, qu'il ne rendra possible l'émergence d'une véritable

Intelligence Collective au service de la performance. Encore plus grave, enfermé dans ses certitudes, les « on a toujours fait comme ça ! » et les « on n'est pas là pour réfléchir ! », ce manager atteindra bien vite son seuil d'incompétence faisant surtout en sorte que personne au sein de son équipe ne puisse lui faire de l'ombre ou remette en question ses prérogatives. Autant dire que ce n'est pas avec cet état d'esprit qu'une organisation pourra faire preuve de créativité et d'agilité, deux qualités essentielles, voire vitales pour survivre et s'adapter dans un environnement toujours plus concurrentiel.

Les vertus d'un État d'esprit de développement

Pour ce profil de manager, il est naturel d'encourager le même type d'État d'esprit de développement auprès de ses collaborateurs, d'inciter à l'initiative et à la prise de risque, d'apprécier pour chacun les efforts consentis et la qualité du travail fourni avant le seul résultat. Au-delà du résultat atteint, ce qui est essentiel réside pour lui dans ce qui a été appris dans l'expérience, que celle-ci ait été couronnée de succès ou non. Il encourage chaque membre de l'équipe à exploiter tout son potentiel en acceptant que cela fasse l'objet d'un processus permanent de remise en question(s) sur un mode essai/erreur. Par sa posture et son comportement, il diffuse la confiance qu'embrasser de nouveaux défis est la meilleure façon de révéler des « ressources humaines » par essence illimitées lorsqu'on analyse ce que celles-ci ont su produire depuis la nuit des temps.

L'État d'esprit de développement comme ressort de l'Intelligence Collective

Confronté à la complexité, l'incertitude et la rapidité avec lesquelles il doit composer au quotidien, le manager qui « donnait des directives et contrôlait leur application », évolue vers un rôle de facilitateur qui « incarne, inspire et entraîne son équipe » en créant un climat de Sécurité Psychologique dans lequel chacun peut exprimer ses idées et prendre des initiatives dans l'intérêt du collectif. Si « *l'Intelligence Collective est l'alchimie d'un collectif et des singularités qui le composent pour agrandir le pouvoir de réalisation de chacun*[18] », alors le manager joue un rôle essentiel dans son émergence et le niveau d'intensité avec lequel celle-ci va s'exprimer pour remplir sa mission en inventant de nouvelles façons de faire au fur et à mesure que se déploie son action dans une réalité qui remet sans cesse en question les plans préétablis. L'un des fondements de l'émergence de l'Intelligence Collective repose sur la capacité des membres qui composent le collectif à recevoir et à formuler des feedbacks. Modalité de la communication interpersonnelle, le feedback consiste à exprimer un retour à son interlocuteur sur ses actes et comportements en vue d'obtenir un changement ou un renforcement de sa manière de faire. À ce titre, le manager par sa capacité à donner et recevoir individuellement et collectivement du feedback, modélise cette pratique vertueuse pour la dynamique positive de l'équipe.

À MÉDITER…

Un signe de reconnaissance d'une équipe à l'État d'esprit de développement ?

En tant que manager ou collaborateur, on passe plus de temps à identifier ce qui fonctionne dans l'équipe, à apprécier ce que l'on fait déjà de bien ensemble qu'à être dans une spirale mortifère et négative du manque, de la faute, de l'erreur, symptomatiques de la quête à jamais inassouvie de la « résolution de problème »…

Pratique positive n° 5 : Insuffler un État d'esprit de développement à son équipe

Pratique positive n° 6 : Pratiquer le feedback positif

18. Cristol D., & Joly C. (2021), *Management et Intelligence Collective, 80 méthodes et exercices : Des pratiques pour apprendre ensemble*, ESF Sciences Humaines.

L'organisation

Les salariés qui travaillent dans des entreprises où prédomine un État d'esprit de développement ont 34 % plus de chances de ressentir un sentiment d'appartenance et d'engagement envers l'entreprise et 49 % plus de chances de penser que leur entreprise encourage l'innovation[19]. C'est leur état d'esprit qui conduit les dirigeants à élaborer leur vision stratégique, à décider et entretenir tel ou tel type de relations avec leurs actionnaires, leur Codir et plus largement l'ensemble de leurs collaborateurs et des parties prenantes de l'organisation. On l'aura donc compris, par leur exemplarité et leur « *role model* », ce sont eux qui « donnent le *la* ». Ainsi, soit ils peuvent se concentrer principalement sur le fait d'éviter les pertes et de prévenir les problèmes à tout prix transmettant ainsi la peur paralysante de l'erreur ou de l'échec autour d'eux ; soit ils peuvent encourager la prise d'initiative et de risques en acceptant l'échec comme opportunité d'apprentissage et d'innovation. Dans ce cas, ils orientent et insufflent aux managers et aux collaborateurs la confiance dans la capacité collective de l'organisation à trouver les ressources et à inventer ses propres voies pour se développer et cela quels que soient les aléas et les contraintes imposées par un environnement toujours plus imprévisible. Cette tendance et ce travail sur soi s'apparentent à la discipline de la Maîtrise personnelle dans le cadre de l'Organisation Apprenante (➢ Clé n° 8) et elle se traduit par le développement de la capacité à s'observer dans l'action et dans nos réactions face à l'incertitude et aux changements. Sûrement un enjeu existentiel pour beaucoup d'organisations si l'on considère que « *90 % des CEO croient que leur compagnie va changer davantage au cours des 5 prochaines années que dans les 5 années qui ont précédé*[20] ».

Pratique positive n° 7 : Favoriser une culture d'entreprise fondée sur un État d'esprit de développement

19. Dweck C. (2014), « Talent: How companies can profit from a "growth mindset" », *Harvard Business Review*, 92(11), 7.

20. « Five Ways to Help Your Team Be Open to Change », *Harvard Business Review*, 2019, Onderick-Harvey, Edith.

À MÉDITER…

À la fin des années 1990, Jim Collins entreprend une recherche sur cinq ans pour comprendre comment de « bonnes entreprises » deviennent vraiment exceptionnelles. Il publie ses découvertes en 2001 dans un livre intitulé *Good to Great* vendu depuis à plus de 3 millions d'exemplaires. Son constat est que si plusieurs facteurs critiques de succès peuvent expliquer ce bond radical, un facteur particulier prédomine sur tous les autres : le type de leader qui conduit l'entreprise à l'excellence. Ces derniers ne sont pas particulièrement des personnages charismatiques, hors du commun, bourré d'ego et de talent autoproclamé. Ce sont plutôt des gens effacés qui posent constamment des questions et qui ont la capacité d'accueillir les réponses les plus brutales, de regarder les échecs en face, même les leurs, tout en cultivant la foi que le succès est au bout du chemin. En d'autres termes, ces leaders ont tous un État d'esprit de développement !

Pratique positive n° 7 : Favoriser une culture d'entreprise fondée sur un État d'esprit de développement

LES QUESTIONS DU COACH APPRÉCIATIF

- Voyez-vous vos compétences comme innées ou comme « toujours en travail » ?
- Quel est votre état d'esprit prédominant face aux épreuves et aux changements ?
- Quel « genre d'histoires » vous racontez-vous après un succès ou un échec ?
- Comment se vit l'initiative dans votre équipe/organisation ?
- Quelle forme cela prend-il ?
- Comment se pratique la contradiction ou la « sortie du cadre » ?
- Quelle est la perception de l'échec et quelles en sont ses conséquences sur ceux qui en sont à l'origine
- Comment cultivez-vous la curiosité et la créativité de vos collaborateurs ?
- Comment célèbre-t-on les succès dans votre organisation ?
- Votre organisation favorise-t-elle l'expression d'un « État d'esprit de développement » chez ses collaborateurs ?
- Diriez-vous que votre organisation est innovante ?

CLÉ N° 2

S'appuyer sur les « Forces de caractère »

« Une force est une capacité préexistante consistant en une manière particulière de se comporter, de réfléchir ou de ressentir, qui est authentique et énergisante pour l'utilisateur et permet le fonctionnement optimal, le développement et la performance. »

Alex Linley[1]

1. Linley, A. (2008), *Average to A+: Realising strengths in yourself and others*, ICON Group International.

En quelques mots...

Nous sommes tous capables d'identifier très rapidement nos points faibles ou nos défauts, mais sommes-nous capables d'identifier aussi ce qui nous caractérise en « bien », ce qui fait nos Forces de caractère ? Et chez les autres, que remarque-t-on en premier, leurs faiblesses et leurs manques ou au contraire ce qu'ils ont d'unique et de précieux ? Si cette question est à la base du mouvement de la Psychologie Positive, elle prend bien sûr une dimension toute particulière en environnement professionnel.

Depuis plus de vingt ans, la recherche scientifique nous enseigne que **tout individu possède naturellement un ensemble de forces qui, lorsqu'elles sont identifiées et développées, favorisent son épanouissement et sa performance optimale**. Reconnaître et amplifier les Forces de caractère individuelles et celles du collectif qui animent et donnent vie à l'ensemble de l'organisation est au cœur des pratiques de l'Organisation Positive.

Du point de vue de la gestion des ressources humaines, cette approche par les forces s'illustre par exemple dans la nature des entretiens de recrutement, la définition du poste, l'évolution de carrière, le mode de management individuel et collectif et bien sûr le système d'évaluation de la performance.

CE QUE NOUS DIT LA RECHERCHE

Les origines

En cherchant à découvrir et promouvoir les facteurs qui permettent aux individus, aux organisations et aux institutions de réaliser pleinement leurs potentiels de développement et d'atteindre une performance optimale, le champ de recherche de la Psychologie Positive vise à identifier les « forces » présentes et potentielles, pour s'employer ensuite à les amplifier tant pour l'individu que pour le collectif.

« Comment aider les jeunes gens à réaliser leur plein potentiel ? » C'est pour répondre à cette question en 1999 que Martin Seligman et Christopher Peterson réunissent une équipe d'experts. Leur première conclusion : aussi louable que soit l'intention, y répondre passe d'abord par la définition plus précise de ce que l'on souhaite améliorer. L'un des plus ambitieux programmes jamais initié dans le champ de recherche en psychologie est lancé pour aboutir quelques années plus tard à l'élaboration d'une classification des atouts psychologiques de l'être humain. Il s'agit, à ce stade, d'une part d'apprécier le potentiel positif d'un individu, et d'autre part d'évaluer l'efficacité des moyens (protocoles, outils, pratiques...) utilisés pour développer ce potentiel.

Dans ce but, ils s'appuient sur l'analyse méticuleuse de sources variées (psychologie, anthropologie, philosophie, grandes traditions spirituelles...) Ce travail d'analyse et de classement en fonction des critères ci-dessus donnent finalement naissance à la classification VIA[2] (*Values in Action*)

2. À noter qu'il existe deux autres grandes classifications et inventaires de découvertes de ses forces : le StrengthsFinder de l'Institut Gallup (http://www.strentghs-finder.com) et le programme Realise2 de l'organisation de consultants CAPP (http://www.cappeu.org/realise2.htm).

(https://www.viacharacter.org/research). Cette classification repose sur 24 « Forces de caractère » reconnues et valorisées de tout temps, quelles que soient les cultures. Celles-ci sont regroupées en six vertus : sagesse, courage, humanité, justice, tempérance et transcendance. Ainsi, les Forces de caractère sont des traits positifs[3] :

1. qui sont généralisables à travers les cultures ;
2. qui favorisent l'épanouissement et le bien-être ;
3. qui sont intrinsèquement et moralement valorisés ;
4. qui ne diminuent pas les autres, mais au contraire, les valorisent ;
5. qui ont chacun un « opposé négatif » ;
6. qui constituent des différences individuelles stables à travers le temps et généralisables à travers les situations ;
7. qui sont mesurables ;
8. qui sont distincts les uns des autres et non redondants ;
9. dont certains individus en sont des modèles évidents ;
10. que certains enfants ont développé précocement ;
11. dont certains individus sont dépourvus ;
12. que certaines institutions et organisations tentent de cultiver et de promouvoir.

À la différence des compétences (que l'on a ou pas) et des talents (que l'on développe ou pas), tout le monde a des forces ! Un « cocktail unique de forces » qui demandent bien sûr à pouvoir s'exprimer pleinement dans son activité professionnelle tant elles sont sources de satisfactions et de performance optimale. Que de temps et d'énergie gâchés à « faire carrière » parfois dans des domaines où l'on peut réussir très bien sans en tirer la fierté, la joie et le profond sentiment de satisfaction que procure le fait d'être « en cohérence » avec ce qui est l'essence de notre être !

3. Peterson & Seligman, 2004.

Identifier et utiliser ses Forces de caractère : pour quels bénéfices ?

Particulièrement étudié depuis les débuts du mouvement de la Psychologie Positive, connaître et utiliser ses Forces de caractère :

- favorise la connaissance de soi et donne du sens à son existence ;
- renforce la capacité d'adaptation ;
- génère de l'optimisme ;
- développe la confiance et l'estime de soi ;
- renforce la vitalité ;
- développe la résilience ;
- donne de l'énergie et de la vitalité[4] ;
- aide à atteindre les objectifs que l'on se fixe ;
- apporte une sensation de bonheur et d'épanouissement nourrit l'engagement au travail et la performance[5].

L'idée à retenir est que contrairement à la pensée dominante, **on s'épanouit et on réussit mieux en optimisant nos forces qu'en consacrant du temps à travailler sur nos faiblesses !** Cela ne veut pas dire qu'il s'agit pour autant d'ignorer d'éventuels points faibles ou difficultés, mais simplement qu'il n'est pas productif d'investir l'essentiel de nos efforts sur ces aspects. Ainsi, ce que nous apprennent les recherches des psychologues positifs, c'est que l'objectif pour aller bien ne consiste pas à se focaliser sur le fait d'aller moins mal, mais plutôt à s'appuyer sur nos propres forces et qualités afin de les développer.

À MÉDITER...

Si pour les philosophes, il s'agit de nous dire comment nous devrions fonctionner, pour les psychologues, l'objectif consiste davantage à comprendre comment nous fonctionnons. Dans un cas, l'approche est

4. Clifton D.O., Anderson E., & Schreiner L.A. (2002), « StrengthsQuest », *Washington, DC The Gallup Organization.*

5. *Ibid.*

« normative », dans l'autre celle-ci est seulement « descriptive ». Il ne s'agit pas ici de définir ce que serait le « bon caractère » sur la base d'un jugement moral, mais plutôt à identifier les aspects du caractère partagés par une majorité, voire par la totalité des individus, en repérant ceux de ces aspects qui influence positivement la satisfaction, l'accomplissement et le bonheur des gens.

Vertu de la sagesse

« Celui qui cherche la sagesse est un sage, celui qui croit l'avoir trouvée est un fou. »

Sénèque

Celle-ci ne repose pas tant sur l'intelligence en tant que capacité intellectuelle ou l'étendue de savoir mais bien davantage sur l'aptitude à trouver et donner du sens à ses expériences de vie. Faire preuve de sagesse répond à la question : quels enseignements a-t-on tiré des épreuves traversées et comment sommes-nous capables de les partager avec les autres ?

Les Forces de caractère liées à la sagesse

- **Créativité**

Être créatif revient ici à mobiliser notre imagination pour développer des idées nouvelles, démontrer des comportements et produire des résultats nouveaux, originaux, inhabituels et surprenants. Il ne s'agit pas là de la seule excentricité ou d'une créativité déconnectée du réel, mais davantage d'ingéniosité, de bon sens et de débrouillardise.

- **Curiosité**

À la base de la motivation, elle illustre notre désir intrinsèque de connaître et d'expérimenter. La curiosité consiste donc à s'ouvrir à l'expérience sans cultiver d'opinions préconçues, à apprécier l'ambiguïté comme source de réflexion et de remise en question.

- **Ouverture d'esprit**

Avec elle, c'est le discernement et la pensée critique qui permettent d'envisager les faits avec objectivité et de remettre en cause ses croyances si nécessaire lorsque de nouvelles informations le suggèrent. Consciente de l'influence de ses biais cognitifs sur sa perception de la réalité, une personne qui a cette force cherche à aller au-delà de ses premières impressions en examinant les choses sous des angles différents.

- **Désir d'apprendre**

Aimer apprendre aide à apprendre… Cette force va plus loin que la curiosité en permettant de relever les défis, de faire face aux échecs et de persévérer pour faire face aux difficultés et aux frustrations que ne manque pas de susciter l'apprentissage[6].

- **Perspective**

Accumuler des connaissances ne sert à rien si cela ne s'accompagne pas de la capacité à hiérarchiser l'information, donner du sens, discerner ce qui dépend de nous ou non et finalement, à décider. Une personne possédant cette force est considérée comme sage par les autres et ceux-ci considèrent qu'ils peuvent tirer profit de son expérience et de sa vision des choses pour les aider à résoudre des problèmes qu'ils rencontrent.

Vertu du courage

« Le courage n'est pas l'absence de peur,
mais la capacité de vaincre ce qui fait peur. »

Nelson Mandela

De tout temps et dans toutes les cultures, le courage force le respect. Pour les stoïciens, c'est en lui que réside le meilleur moyen de préserver notre intégrité et de faire face aux épreuves de la vie. Les existentialistes y voient quant à eux notre part de responsabilité pour assumer notre liberté en conscience[7].

6. Renninger K.A. (2000), « Individual interest and its implications for understanding intrinsic motivation », *in Intrinsic and extrinsic motivation* (p. 373-404). Academic Press.

7. Pury C.L.S. (2009), Courage (S.J. Lopez, Ed.), *in* S. J. Lopez & C. R. Snyder (Eds.), *Oxford handbook of positive psychology* (p. 375-382). Oxford University Press.

Les Forces de caractère liées au courage

- **Bravoure**

Évoquer une conduite de bravoure au sujet d'une personne nécessite qu'au moins trois facteurs soient réunis : agir de façon volontaire, avoir évalué les risques et les conséquences potentielles, même défavorables, avant d'agir, et enfin avoir conscience du danger et de sa vulnérabilité.

- **Persévérance**

Cette qualité morale et physique renvoie à une notion d'efforts consentis bien sûr mais aussi à notre capacité à accepter et surmonter les obstacles rencontrés pour parvenir à nos fins[8]. Disposer de cette Force amène une personne à prendre en charge des projets difficiles et à s'y tenir. Il ne s'agit pas pour autant d'une poursuite obsessionnelle d'objectifs irréalisables.

- **Intégrité**

Faire preuve d'intégrité signifie pour une personne qu'elle soit respectueuse de ses valeurs essentielles dans les actes qu'elle pose. Cela demande le courage d'être authentique. Le psychologue Carl Rogers parle de congruence, c'est-à-dire d'une capacité qui « *requiert une ouverture continue à son vécu profond, même dans le cas où ce qu'on vit risque de menacer l'image qu'on a de soi*[9] ».

- **Vitalité**

S'illustrer par sa bravoure, démontrer de la persévérance ou encore faire preuve d'intégrité : autant de qualités qui requièrent de la vitalité. Définie par le psychologue Richard Ryan comme « *une expérience subjective d'énergie et de vivacité*[10] », notre vitalité se traduit par de l'enthousiasme et de la volonté manifestés dans l'attitude et les comportements face aux événements et aux difficultés rencontrées.

8. Peterson C., & Seligman M.E. (2004), *Character strengths and virtues: A handbook and classification* (vol. 1), Oxford University Press.

9. Thorne B. (1994), *Comprendre Carl Rogers*, Privat.

10. Ryan R.M., & Frederick C. (1997), « On energy, personality, and health: Subjective vitality as a dynamic reflection of well-being », *Journal of personality*, *65*(3), 529-565.

Vertu de l'humanité

« L'humanité est la première des vertus. »

Luc de Clapier

En référence au Professeur de psychologie Shelley Taylor selon laquelle « *notre héritage biologique est une force qui influence et qui interagit avec des facteurs sociaux, culturels, cognitifs et émotionnels*[11] », Thierry Janssen nous invite à penser que « *si la capacité à créer du lien est inscrite dans notre patrimoine génétique, nous pouvons tous, hommes et femmes, espérer l'exprimer de manière égale, au sein d'une culture qui valoriserait son expression en tant que comportement hautement humain*[12] ».

Les Forces de caractère liées à l'humanité

- **Capacité d'aimer et d'être aimé**

Cette force se traduit par une forme de réciprocité entre le besoin et la capacité à créer et nourrir des relations intimes avec d'autres personnes mais aussi le besoin et la capacité de savoir se faire aimer en retour. Ici, c'est l'authenticité, la confiance, l'écoute et l'expression des sentiments profonds qui prédominent et il n'y a pas de place pour les relations superficielles.

- **Gentillesse, générosité**

Selon Seligman et Peterson, cette Force de caractère regroupe toutes les attitudes empathiques, prévenantes, généreuses, altruistes qui consistent à accorder autant d'importance aux autres qu'à nous-mêmes. C'est finalement l'adage que l'on retrouve dans toutes les grandes traditions spirituelles. Pour Bouddha par exemple, « *nous devrions nous comporter avec nos amis comme nous souhaiterions qu'ils se comportent avec nous*[13] ».

11. Taylor S.E., Klein L.C., Lewis B.P., Gruenewald T.L., Gurung R.A., & Updegraff J.A. (2000), « Biobehavioral responses to stress in females: tend-and-befriend, not fight-or-flight », *Psychological review*, *107*(3), 411.

12. Janssen T. (2011), *Le défi positif : une autre manière de parler du bonheur et de la bonne santé*, Éditions Les Liens qui libèrent.

13. Laërce D., & Genaille R. (1999), *Vies et doctrines des philosophes illustres*, Librairie générale française.

- **Intelligence Sociale**

En tant que Force de caractère, l'Intelligence Sociale est l'intelligence de nos relations aux autres. Cela se traduit par la capacité d'une personne à se connaître elle-même et à percevoir la différence d'humeur, de sentiments, de motivations, d'intentions chez autrui.

Vertu de la justice

« Toutes les vertus sont comprises dans la justice : si tu es juste, tu es homme de bien. »

Théognis de Mégare

Pour les auteurs de la classification VIA, si la vertu d'humanité fonde les principes des relations interpersonnelles, la vertu de justice quant à elle régit les rapports entre les membres d'une même communauté[14]. La justice vise à instaurer le respect de la place de chaque personne et de chaque chose. Consciente des inégalités de faits, elle tend à établir ou rétablir une forme d'équité au sein de la société.

Les Forces de caractère liées à la justice

- **Citoyenneté, travail d'équipe**

Cette Force de caractère se traduit par le besoin, l'envie et la capacité de dépasser ses intérêts personnels pour se mettre au service de l'intérêt général. Cela se traduit par un profond sens du devoir, une loyauté sans faille et la volonté de collaborer avec les autres pour « réussir ensemble ». Qu'il s'agisse de s'engager pour une cause sociale ou environnementale, de travailler sur un projet d'entreprise, une personne animée par cette force fait preuve de dévouement, valorise d'abord les objectifs du groupe et fait tout ce qui est en sa mesure pour contribuer au succès collectif en prenant pleinement ses responsabilités.

14. Peterson C. (2006), *A primer in positive psychology*, Oxford university press.

- **Équité**

Pour Seligman et Peterson, « *le sens de l'équité naît du jugement moral, ce processus par lequel les gens déterminent ce qui est moralement bon ou mauvais et ce qui est à proscrire*[15] ». Cette Force de caractère se traduit par le souci de tenir compte du bien être des autres, qu'ils soient proches ou inconnus. C'est aussi la capacité à prendre une décision sans se laisser dominer par nos sentiments personnels lorsqu'il s'agit de décider.

- **Leadership**

La classification VIA le définit comme « *une qualité personnelle qui implique des capacités cognitives, émotionnelles, et comportementales permettant de motiver, d'influencer, de diriger et d'aider les autres dans le but de réussir une action collective*[16] ». Source d'inspiration, personne d'influence, les leaders positifs aspirent à jouer un rôle dominant dans leur environnement et s'ils exercent un ascendant sur les autres, c'est en conscience de leur responsabilité et avec humanité.

Vertu de la tempérance

La tempérance est un arbre qui a pour racine
le contentement de peu, et pour fruits le calme et la paix.

Ferdinand Denis

« *Saine affirmation de notre puissance d'exister*[17] » selon Spinoza ou « *régulation volontaire de la pulsion de vie*[18] » comme nous le propose Comte-Sponville, la tempérance nous invite à développer la maîtrise de soi : il s'agit globalement de canaliser nos tendances égotiques et notre avidité à consommer, posséder, diriger...

15. Peterson C., & Seligman M.E. (2004), *Character strengths and virtues: A handbook and classification* (vol. 1), Oxford University Press. (voir Janssen 101 p. 356).

16. Peterson C., & Seligman M.E. (2004), *Character strengths and virtues: A handbook and classification* (vol. 1), Oxford University Press. (voir Janssen 115 p. 357).

17. Spinoza B. Éthique, III, scolie de la proposition 56, et V, proposition 42.

18. Comte-Sponville A. (1999), *Petit traité des grandes vertus*, PUF.

Les Forces de caractère liées à la tempérance

- **Pardon**

Celui-ci implique que lorsque nous avons été offensés, nos émotions, pensées, sentiments, motivations et comportements prennent une tournure positive à l'égard de l'auteur de l'offense (bienveillance, gentillesse, générosité...). Ainsi, « *le pardon est donc un moyen d'interrompre le cycle de représailles qui empêche le maintien de la cohésion sociale*[19] ».

- **Prudence**

Cette qualité nous invite à anticiper, elle est une « *orientation vers notre avenir personnel, une forme de raisonnement pragmatique et de gestion de nous-même qui nous aide à atteindre nos objectifs avec efficacité*[20] ». Une personne dont la prudence est une Force de caractère reste lucide, raisonnable et flexible face aux obstacles qui se présentent.

- **Humilité**

L'humilité est au cœur de la recherche du Professeur de psychologie June Tangney selon laquelle cette qualité se réfère à notre capacité à apprécier notre potentiel et nos réussites à leur juste valeur. Ainsi, elle consiste à accepter nos erreurs, nos manques, imperfections et limites sans tomber dans la fausse modestie. Cette attitude nous incline à rester ouvert à de nouvelles perspectives et à accueillir les feedbacks[21].

- **Maîtrise de soi**

Être capable d'auto réguler nos émotions, pensées et comportements est au cœur d'un processus d'adaptation indispensable à notre survie, et *a fortiori* à notre épanouissement. Une personne ayant cette Force de caractère sait canaliser ses désirs, besoins et impulsions lorsque c'est nécessaire.

19. McCullough M.E., Pargament K.I., & Thoresen C.E. (Eds.). (2000), *Forgiveness: Theory, research, and practice*, Guilford Press.

20. Peterson C., & Seligman M.E. (2004), *Character strengths and virtues, op. cit.*, p. 478.

21. Tangney J.P. (2000), « Humility: Theoretical perspectives, empirical findings and directions for future research », *Journal of Social and Clinical Psychology*, *19*(1), 70-82.

Vertu de la transcendance

> *« Il y a des gens qui dansent sans entrer en transe et il y a d'autres qui entrent en transe sans danser. Ce phénomène s'appelle la Transcendance et dans nos régions il est fort apprécié. »*
>
> Jacques Prévert

Dans la classification VIA, la transcendance fait référence à ce besoin fondamental de l'être humain de donner du sens à son existence en se connectant à ce qui le dépasse. Pas de connotation religieuse ou spirituelle ici, mais davantage une conscience et un respect du mystère et du caractère sacré de la « vie ». Ce qui fait dire à Peterson que « *ce qui est transcendant ne doit pas forcément être divin mais toujours être sacré*[22] ».

Les Forces de caractère de la transcendance

- **Appréciation de la beauté et de l'excellence**

Il est question ici de la beauté sous toutes ses formes, que celle-ci soit celle du corps ou de la nature bien sûr, mais plus largement de tout ce qui peut toucher notre sensibilité (musique, peinture, sculpture, littérature…) et des réalisations qui laissent émerger ce que l'humain a de meilleur. Être capable de s'émerveiller et d'éprouver du plaisir à contempler le beau est une force extrêmement puissante pour affronter l'adversité et trouver une signification aux épreuves de la vie.

- **Gratitude**

Pour le professeur de psychologie Rébecca Shankland, celle-ci peut être « *définie comme une émotion interpersonnelle éprouvée dans les situations où la personne se perçoit comme étant bénéficiaire d'un bienfait procuré intentionnellement par autrui (une aide, un don…) ou d'un bienfait généré par l'existence (une rencontre, une découverte, un paysage…)*[23] ». Avoir cette Force de caractère donne à la personne la conscience des bonnes choses qui lui arrivent. Elle sait les repérer, y compris dans les petits événements du quotidien et ne les considère jamais comme acquises.

22. Peterson C., & Seligman M.E. (2004), *Character strengths and virtues*, *op. cit.* p. 39.

23. Shankland R. (2019), *La Psychologie Positive, 3e éd.*, Dunod.

- **Espoir**

Dans les moments difficiles, cette force est indispensable pour nous dépasser, nous relier au monde et cultiver la possibilité d'un futur plus heureux. Une personne qui a cette Force de caractère ne croit pas seulement que ses souhaits vont se réaliser ou que les choses vont bien se passer. Elle sait se fixer des buts, définir un chemin pour les atteindre et être capable d'en changer si besoin.

- **Humour**

Dans la classification VIA, l'humour n'est pas du ressort du trait d'esprit, de la méchanceté, du sarcasme ou de l'ironie. Il est la Force de caractère qui dédramatise et « allège » les tensions avec bienveillance. Par les émotions positives qu'il engendre chez soi-même et chez autrui, il répare et guérit les blessures, aide à traverser et surmonter les épreuves et constitue un facteur essentiel de cohésion et de soutien social.

- **Spiritualité**

Seligman et Peterson définissent la spiritualité comme « *l'ensemble des croyances et des pratiques qui se fondent sur la conviction que la vie possède une dimension transcendante, non physique, d'un ordre supérieur*[24] ». Une personne qui a cette Force de caractère a une place dans l'ordre du monde et sa vie a un sens car elle se rattache à quelque chose de plus grand qu'elle-même.

Utiliser nos Forces de caractère au travail, pour quoi ?

De manière plus spécifique en environnement professionnel, identifier et mobiliser ses Forces de caractère :

- favorise l'atteinte des objectifs professionnels[25] ;

24. Peterson C., & Seligman M.E. (2004), *Character strengths and virtues, op. cit.*

25. Linley P.A., Nielsen K.M., Gillett R., & Biswas-Diener R. (2010), « Using signature strengths in pursuit of goals: Effects on goal progress, need satisfaction, and well-being, and implications for coaching psychologists », *International Coaching Psychology Review*, *5*(1), 6-15.

- élève les niveaux généraux de vitalité et de concentration[26] ;
- augmente le sens que l'on trouve au travail[27] ;
- favorise la performance, la créativité, la satisfaction, l'engagement[28] ;

À MÉDITER…

Étude Gallup : échantillon 10 885 unités de travail (308 798 employés).
Réaction à la question : « Au travail, j'ai l'opportunité de faire ce que je fais de mieux au quotidien ».
Résultats pour les entreprises dont les réponses se situent au-dessus de la moyenne :

– probabilité de succès de 44 % supérieure sur fidélité clients et maintien des effectifs ;
– probabilité 38 % supérieure en ce qui concerne les mesures de productivité.

Clifton et Harter, 2003, p. 116.

26. Forest J., Mageau G.A., Crevier-Braud L., Dubreuil P., Bergeron E., & Lavigne G.L. (2012), « Harmonious passion as a mediator of the relation between signature strengths' use and optimal functioning at work: Test of an intervention program », *Human Relations*, *65*(9), 1 233-1 252.

27. Harzer C., & Ruch W. (2016), « Your strengths are calling: Preliminary results of a web-based strengths intervention to increase calling », *Journal of happiness studies*, *17*(6), 2 237-2 256.

28. Forest J., Mageau G.A., Crevier-Braud L., Dubreuil P., Bergeron E., & Lavigne G.L. (2012), « Harmonious passion as a mediator of the relation between signature strengths' use and optimal functioning at work: Test of an intervention program », *Human Relations*, *65*(9), 1 233-1 252.

CE QUE J'AI APPRIS DE L'EXPÉRIENCE

« C'est bien… mais pas suffisant ! »

Je ne sais pas pour vous mais en ce qui me concerne, j'ai plutôt la sensation d'avoir baigné dans un environnement qui mettait davantage l'accent sur les faiblesses que sur les forces, sur les qualités ou les compétences qui manquaient plutôt que celles qui étaient présentes. Sur la couche du terreau familial plus ou moins positif vint ensuite se greffer le mode d'appréciation scolaire bien français. Celui-ci s'illustre par cette touche artistique consistant à dessiner un beau cercle rouge pour bien signaler « LA » réponse fausse au monde entier en oubliant totalement de « passer au vert » pour apprécier toutes celles qui sont justes ! C'est assez logiquement, donc, que quelques années plus tard, débuter dans une activité professionnelle amène le plus souvent à rencontrer des managers qui considèrent que leur rôle consiste plus à pointer l'erreur ou la faute qu'à reconnaître et valoriser ce qui a été bien fait.

Ah, ces réunions mensuelles dont l'un des pics consistait à égrener les noms des quarante commerciaux du premier au dernier dans un silence lourd et pesant. Et cela d'autant plus que l'ordre restait à peu de chose près le même d'un mois sur l'autre. En grandissant à cette école, le jeune manager que j'étais se sentait souvent en décalage, mais je n'avais pas encore vraiment compris l'incongruité de se concentrer sur le « mauvais » dans l'espoir d'obtenir le meilleur ! En même temps, lorsque l'on ne connaît ni n'accepte ses forces, difficile de le faire pour les autres…

« Observons ce qui marche bien et voyons comment faire mieux… »

En ce qui me concerne, cette tendance commença à s'inverser au contact de marques américaines et d'une culture anglo-saxonne plus encline à voir le verre à moitié plein plutôt qu'à moitié vide, à penser « potentiel » avant de penser « limites ». Je ne suis pas en train de dire qu'il s'agit de tomber dans la complaisance ou une forme de bienveillance niaise, mais seulement que les choses se passent différemment à tous les niveaux entre les gens lorsque l'on commence par observer, apprécier et partager ce qui fonctionne avant d'aborder les questions qui fâchent. Des années plus tard en tant que coach, je constate à quel point le déficit et le manque sont les dominantes du refrain qui rythme la petite musique de fond de beaucoup d'équipes et d'entreprises. C'est d'ailleurs l'une des raisons pour lesquelles je m'appuie régulièrement sur la démarche de l'Exploration appréciative (*Appreciative Inquiry*)[29]. En effet, la première de ses vertus consiste à formuler ce que l'on désire vraiment comme résultats et à partir des forces du collectif. Là où la tendance naturelle revient à exprimer plus spontanément ce qui ne marche pas, ce que l'on ne veut pas ou plus, et ce qui manque pour réussir, on cherche dans cette approche à découvrir collectivement ce qui est positif et qui fonctionne déjà dans le cadre de la mission et des objectifs de l'équipe ou de l'entreprise. C'est ce « noyau de réussite » qui sert de point d'appui énergisant et inspirant pour l'élaboration de nouveaux projets.

« Que la force soit avec toi ! »

Identifier ses forces et les utiliser en pleine conscience fait toute la différence ! Nous avons souvent une fâcheuse tendance à « coller des étiquettes », à « mettre dans des boîtes » et à fonctionner plus spontanément sur le mode

29. Pagès J. (2014), *Le coaching collectif avec la méthode Appreciative Inquiry. Conduire le changement en s'appuyant sur les réussites*, Éditions Eyrolles.

binaire que symbolise le « ou », notre chère conjonction de coordination « *indiquant une alternative qui a valeur de distinction pouvant aller jusqu'à l'exclusion* ». Pour moi par exemple, pendant toute une période de ma carrière où la mission première consistait à générer du chiffre d'affaires, j'ai souvent entendu que l'on ne me demandait pas de penser mais de délivrer mes objectifs. Une tendance certaine à la « Déviance Positive » (➤ Clé n° 9) m'amenait toujours à imaginer des chemins alternatifs pour les atteindre et heureusement la plupart du temps à les dépasser. Ainsi, n'étant pas considéré comme un « créatif », j'ai longtemps vécu cette créativité davantage comme une source de critique que comme une richesse à exploiter pour moi et l'entreprise. Quelle découverte à cinquante ans passés que c'était ma première Force de caractère et que plus je l'employais, plus c'était bénéfique pour moi et ceux que j'accompagnais. Si la préparation est une des clés du succès pour préparer une session avec un collectif, savoir aujourd'hui que je peux me faire confiance pour faire face à l'imprévu (qui arrive toujours) est une ressource majeure en tant que « facilitateur en Intelligence Collective ».

LES APPLICATIONS PRATIQUES EN ENVIRONNEMENT PROFESSIONNEL

La personne au travail

D'un point de vue individuel, si l'obsolescence de nos compétences est toujours plus rapide et qu'elle dépend pour partie de facteurs extérieurs, il est rassurant de savoir qu'identifier, mobiliser et développer nos Forces de caractère repose beaucoup sur nous-mêmes. Elles constituent notre

Capital Psychologique : ce que nous sommes maintenant et surtout, ce que nous pouvons devenir… Ainsi, que l'on soit salarié, entrepreneur ou manager, notre Capital Psychologique influence notre capacité à réussir sur le plan professionnel bien sûr, mais aussi à nous épanouir pleinement en tant que personne. Un entretien de recrutement, un nouveau poste, une promotion dans l'encadrement, une reconversion professionnelle : autant de situations où s'appuyer sur nos forces est un gage de plaisir à relever le défi, de chance de s'y épanouir et de réussir. En revanche, sur-utilisées, celles-ci peuvent devenir contre productives ! Il s'agit donc de bien en « doser » l'emploi en fonction des interlocuteurs et des situations rencontrés, c'est-à-dire de les exprimer « en conscience » et non de manière mécanique ou sans limite. Trop d'humour peut par exemple conduire chez les autres à un sentiment d'un manque de sérieux, voire d'un manque d'empathie… Trop de curiosité peut confiner à de l'intrusion, trop de persévérance mener au *burn-out*… Tirer tout le bénéfice d'un travail sur les forces de caractère nécessite un vrai temps de réflexion et d'intégration pour identifier et clarifier précisément :

- ce qu'elles signifient pour nous en tant que personne ;
- notre manière spécifique de les exprimer dans le cadre professionnel ;
- les possibilités que nous avons de les exprimer dans notre rôle et notre mission au service du collectif ;
- les bénéfices mais aussi les contraintes, voire les limites qu'elles génèrent au travail ;
- les pistes de développement possibles pour mobiliser davantage des forces dont nous aurions besoin au présent ou au futur pour relever de nouveaux défis professionnels, nous épanouir pleinement et atteindre une performance optimale.

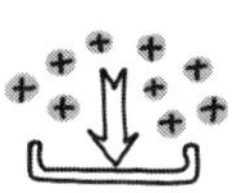

Pratique positive n° 8 : Identifier et développer ses Forces de caractère

Pratique positive n° 9 : S'appuyer sur ses Forces de caractère pour mener un projet

Le manager et l'équipe

Les forces au service de la collaboration

On passe aujourd'hui 50 % de plus de temps en mode collaboratif qu'il y a 20 ans[30] !

Innover, développer un produit ou un service nécessite d'impliquer de plus en plus d'acteurs dans la chaîne de valeur. Dans la fonction commerciale par exemple, cette multiplication des acteurs se traduit par un processus de « vente complexe », que génèrent de très nombreuses interactions aussi bien en amont qu'en aval de l'acte de vente. Ainsi, que l'équipe soit plutôt stable ou qu'elle se constitue comme c'est de plus en plus le cas pour mener un projet ponctuel, s'appuyer sur les Forces de caractère de ses membres, est pour le manager un levier majeur de la performance collective pour :

➢ **Mieux connaître et mieux comprendre ses collaborateurs**

Leurs forces sont pour chacun d'entre eux comme des lunettes au travers desquelles ils appréhendent le monde. À travers elles, ils accordent plus ou moins d'importance au quotidien aux événements et aux informations qu'ils reçoivent, les questions qu'ils se posent sont différentes, au même titre que les émotions qu'ils ressentent… Tout cela bien sûr influence leurs comportements et comprendre les forces de chacun peut donner au manager des informations sur leur manière de penser, d'agir et d'interagir avec leurs pairs.

➢ **Créer les conditions d'une dynamique collective au service de la performance optimale**

Comme nous l'avons vu précédemment, les forces se traduisent pour une personne par des modes de fonctionnements préférentiels. Cela peut donc être très pertinent au moment de répartir les rôles au sein d'une équipe pour permettre à chacun de s'épanouir pleinement, de trouver du sens à son travail et partant, de délivrer une performance optimale. Fondamentalement, l'intérêt majeur de cette approche collective par les forces repose sur le fait

30. Villinski A.P. (2016), « Collaborative overload », *Harvard Business Review*.

qu'elle modifie la perception que les membres de l'équipe ont d'eux-mêmes et de leurs pairs. Cela permet également de créer un meilleur climat sur le lieu de travail, et ce d'autant plus lorsque tous les membres de l'équipe ont pris conscience de leurs forces et s'appuient sur elles au quotidien[31].

Quand une force chez l'un devient un « irritant » pour l'autre !

La curiosité ou la créativité peuvent vite agacer la prudence, au même titre que la vitalité ou le leadership peuvent froisser la maîtrise de soi et l'humilité. Pour le manager, anticiper les étincelles de certaines combinaisons de forces au sein de son équipe peut lui permettre d'en atténuer les effets, voire de les mettre en « dialogues constructifs » pour trouver le meilleur équilibre pour chacun et pour la dynamique du collectif. Ainsi, même si l'on ne partirait pas en vacances ensemble, réussir à reconnaître et apprécier les forces chez ses pairs est déjà mieux que de cultiver du ressentiment.

Pratique positive n° 10 : Manager à partir des Forces de caractère

L'organisation – Réunir les forces

« La tâche du leadership est de créer un alignement des forces, rendant nos faiblesses non pertinentes. »

Peter Drucker

1. La direction générale

Développer une organisation basée sur les forces (*strengths based organization*) consiste à intégrer cette approche dans sa vision stratégique. En effet, quel que soit le marché sur lequel elle opère, quels que soient les

31. Harzer C., & Ruch W. (2012), « When the job is a calling: The role of applying one's signature strengths at work », *The Journal of Positive Psychology*, 7(5), 362-371.

produits qu'elle propose, sa vision repose alors sur la conviction que ce qui fait le caractère unique et la ressource inépuisable de celle-ci est son capital humain. Selon l'Institut Gallup, une culture d'organisation basée sur le développement des forces :

- accroît le profit de 29 % ;
- accroît le chiffre d'affaires de 72 % ;
- réduit le taux d'attrition de 7 %.

Autrement dit, si ses ressources physiques, structurelles ou financières peuvent être challengées par les concurrents, l'avantage compétitif inimitable et décisif de l'organisation repose sur les forces et les compétences de ses salariés ainsi que sur leurs capacités à les échanger et les coordonner au quotidien au niveau opérationnel et dans le temps pour innover[32]. Évaluer ainsi les forces de chacun et leur traduction dans l'environnement professionnel (sens des responsabilités, efficacité au travail, intégrité, qualité du travail, capacité de gérer le changement, esprit d'équipe...) permet de les mobiliser à bon escient et de façon dynamique en fonction des divers projets de l'organisation.

Par sa posture, ses actes au quotidien et sa communication, la direction générale a un rôle majeur pour impulser une culture d'entreprise fondée sur les forces. Cela suppose une réelle conviction que c'est le niveau d'épanouissement et de bien-être de tous les acteurs de l'organisation qui est la pierre angulaire d'une performance optimale et d'une plus grande capacité à innover. C'est par sa capacité à identifier les forces, les incarner, les valoriser et les « catalyser » tant sur le plan individuel que collectif, qu'elle « modélise » et « diffuse » une manière d'être et de faire à tous les niveaux du système.

2. La DRH

Par son rôle essentiel aux différents stades de la vie d'un collaborateur dans l'entreprise (*cf.* Pratique positive n° 11), elle peut intégrer l'approche par les forces à tous les niveaux de la GRH. Entre autres, l'inventaire des Forces de caractères individuelles peut donner lieu à la gestion de carrière

32. Luthans F., & Youssef C.M. (2004), « Human, social, and now positive psychological capital management: Investing in people for competitive advantage ».

bien sûr, et cela notamment à travers son intégration dans le processus de l'entretien de fin d'année (EFA), mais aussi à la constitution d'équipe projet ou de réseaux internes accompagnant la transformation.

3. Les managers de proximité

Si la direction générale inspire et modélise, les managers de Proximité doivent à leur niveau démontrer au quotidien sur le terrain, que l'intention est bien mise en pratique. Dans leur position « charnière » entre « ceux qui pensent et ceux qui font », ils sont les seuls garants du fait que l'approche ne devienne pas une énième « coquille vide » organisationnelle qui ne trompe personne… Pour cela, ceux-ci doivent être formés, reconnus et managés eux-mêmes à partir de leurs Forces de caractères. Charge à eux de relier chaque objectif opérationnel aux « forces en présence » pour les mobiliser pleinement et chercher en permanence à en amplifier l'impact.

4. L'ensemble des collaborateurs

Si la première étape consiste comme nous l'avons vu à identifier ses Forces de caractère, il est primordial que celles-ci puissent pleinement être vécues et appréciées dans ce qu'elles apportent à l'équipe et à l'organisation. Génératrices de sens et d'engagement, elles sont les meilleurs prédicteurs de la satisfaction au travail, de l'expérience régulière du Flow et de la performance optimale. C'est parce qu'elles sont reconnues chez soi qu'elles peuvent ensuite être reconnues et valorisées chez ses pairs, son manager et tous les autres acteurs des départements ou services qui constituent l'ensemble de l'organisation.

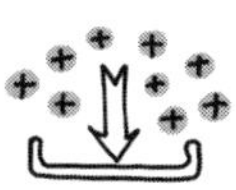

Pratique positive n° 11 : Définir le « Cycle de vie positif » d'un collaborateur

Pratique positive n° 12 : Construire une culture d'entreprise fondée sur les Forces de caractère

LES QUESTIONS DU COACH APPRÉCIATIF

- À quels moments ou dans quelles tâches ai-je la sensation de donner le meilleur de moi-même ?
- Est-ce que je connais mes forces ?
- Est-ce que je les mobilise dans mon travail ?
- Comment puis-je en développer de nouvelles si besoin dans mon activité professionnelle ?
- Est-ce que mes pairs connaissent mes forces et est-ce que je connais les leurs ?
- Est-ce que mon n + 1 connaît mes forces ?
- Est-ce que je connais les siennes ?
- Est-ce qu'il les mobilise dans son management à mon égard ?
- Mes forces sont-elles prises en compte dans mes perspectives d'évolution ?
- D'un point de vue individuel et collectif, la culture de mon organisation met-elle l'accent sur les forces ou contraire sur les manques et les faiblesses ?

CLÉ N° 3

Générer des émotions positives

« N'oublions pas que les petites émotions sont les grands capitaines de nos vies et qu'à celles-là nous obéissons sans le savoir. »

Vincent Van Gogh

En quelques mots...

Qu'il s'agisse de préparer notre organisme à courir, réfléchir, combattre, d'améliorer notre capacité à nous remémorer les événements importants ou encore de guider nos interactions avec autrui, les émotions jouent un rôle essentiel dans notre adaptation et notre survie. Ainsi, contrairement au mythe tenace consistant à laisser ses émotions et états d'âme à la porte du bureau, le temps consacré au travail et l'investissement psychologique et émotionnel qu'il requiert pour la plupart d'entre nous, fait de notre environnement professionnel un lieu privilégié de l'expression et des ressentis émotionnels. Intelligence Émotionnelle, Intelligence Sociale, soft skills, leadership authentique : autant de sujets qui sont au cœur des nouvelles formes de travail où la collaboration et la coopération sont plus que jamais nécessaires pour faire face à la complexité et développer l'agilité qu'elle requiert pour l'individu et le collectif.

Pour le meilleur ou pour le pire, **l'émergence des organisations en réseaux favorise la diffusion des émotions. Loin de les bannir ou de les refréner, l'Organisation Positive y reconnaît la source majeure de son énergie vitale en tant qu'organisme vivant et produit d'une « construction sociale ».** Fondée et nourrie en permanence par le type de « contagion émotionnelle » qu'elle génère en son sein, elle sait accueillir et cultiver les émotions qui l'animent pour en tirer le meilleur parti pour elle-même et toutes ses parties prenantes.

La connotation de « positives » ou « négatives » lorsqu'on parle d'émotions suscite à juste titre un débat dans la communauté scientifique. De fait, certaines émotions dites « négatives » comme la peur, le dégoût ou la colère ont bien sûr leurs intérêts, ne serait-ce que pour assurer notre survie physique et psychique. On peut ainsi plutôt les voir sous l'angle de l'expérience que nous en faisons selon qu'elles sont « agréables » ou « désagréables ». Conscients et adeptes de ces nuances, nous avons néanmoins choisi par souci de simplicité et de clarté de rester ici sur les acceptions de « positives » et « négatives ».

CE QUE NOUS DIT LA RECHERCHE

De l'émotion…

Du latin « *movere* », mettre en mouvement, l'émotion selon le Petit Robert (1984), est un « *état complexe de l'organisme qui implique des changements corporels […] et sur le plan mental, un état d'excitation ou de perturbation, marqué par un sentiment profond, et habituellement une pulsion amenant à une forme définitive de comportement* ». Exprimée par des expressions verbales et non verbales, l'émotion est un outil d'échanges interpersonnels qui englobe trois dimensions :

- les expressions faciales ;
- les gestes corporels ;
- le ton de la voix et le langage[1].

Une émotion est un signal, qui se déclenche pour nous renseigner sur l'état de nos besoins selon qu'ils sont satisfaits (émotions positives) ou non (émotions négatives).

> *Remarque*
>
> 50 % des individus éprouvent des difficultés à identifier ce qu'ils ressentent exactement
>
> *Cerveau & Psycho N° 89.*

Paul Eckman est reconnu comme la référence en matière de recherche sur les émotions. Selon lui, il y aurait six émotions primaires universelles qui ne seraient bien sûr que le reflet d'une palette émotionnelle bien plus large pour les humains sensibles que nous sommes : la peur, la tristesse, la colère, la surprise, le dégoût et la joie.

1. Rafaeli A., & Sutton R.I. (1989), « The expression of emotion in organizational life », *Research in organizational behavior*, *11*(1), 1-42.

Il est à noter que sur ces six émotions primaires, la surprise étant pour certaines personnes une émotion à éviter, seule une est totalement « positive » au sens agréable à expérimenter : la joie !

Les émotions : un peu de chimie (pour les nuls)

Nos émotions (agréables et désagréables) sont :

- à la fois le fruit et le résultat de l'activation de substances chimiques (hormones)
- produites par l'organisme (endogènes)
- stimulées par notre capital génétique et par nos comportements (activités physiques, sommeil, addictions...) et nos habitudes alimentaires
- essentielles à l'équilibre de notre système hormonal, donc à notre santé physique et mentale

Face à chaque situation du quotidien, notre cerveau opère des réglages et active la sécrétion de diverses hormones. Mieux connaître et comprendre les comportements ou situations favorables à la sécrétion des hormones du bien-être permet de les stimuler en adoptant des attitudes propices à l'activation d'émotions dites « positives ». Si le fonctionnement hormonal est d'une incroyable complexité, quatre hormones semblent jouer un rôle majeur dans notre ressenti de bien-être tant dans la sphère personnelle que professionnelle.

La bonne DOSE ou les quatre fantastiques

Dopamine (joie et action)

Elle influe directement sur le comportement en provoquant la sensation de plaisir par l'activation du système de récompense/renforcement. Elle a pour fonction de :

- favoriser la sensation de plaisir et de relaxation ;
- donner de l'énergie pour agir et faire face aux difficultés ;
- réguler la mémoire, la concentration, l'apprentissage, la prise de décisions, la motivation, la curiosité, l'attention et la créativité.

Ocytocine (lien social)

Autrement appelée l'hormone de l'amour, elle est sécrétée par l'hypophyse, elle est à l'origine connue pour son rôle dans l'accouchement, l'allaitement, l'attachement mère-enfant. Plus récemment, la recherche a mis à jour son rôle majeur dans le lien social et à ce titre, elle :

- joue un rôle clé dans l'établissement et l'entretien de relations sociales positives ;
- nourrit les sentiments d'intimité, de confiance et de loyauté qui facilitent en retour les interactions sociales et les comportements de type altruiste ;
- réduit la pression artérielle et le niveau de cortisol générés entre autres par le stress.

Sérotonine (régulateur de l'humeur et la confiance)

Cette hormone du bonheur intervient notamment dans la régulation de l'humeur, du sommeil, de l'appétit et de la température du corps et elle :

- suscite des sentiments de sérénité, d'optimisme et de bonheur ;
- favorise la sensation de plénitude et de contentement ;
- limite l'agressivité et développe l'empathie.

Endorphine (source de bonheur et/ou antidouleur)

Opiacé naturel sécrété par le cerveau, cette hormone de l'euphorie a une capacité analgésique en agissant comme une substance morphinique naturelle qui :

- provoque une sensation de calme et bien-être ;
- réduit le stress et l'anxiété ;
- aide à « passer au travers » de la douleur ou de l'inconfort ;
- limite les effets néfastes d'un niveau de stress trop prolongé.

Les émotions au travail

Dans la culture occidentale, émotion et raison ne font pas bon ménage. Dans l'environnement professionnel, cette opposition s'est traduite historiquement par une méfiance, voire un rejet des émotions, et cela pour deux raisons principales. D'une part, l'idée bien ancrée qu'une « bonne décision » ne serait que le fruit d'un processus rationnel[2] ; d'autre part la perception que les émotions, parce qu'elles échappent au « contrôle », seraient plus une source de problèmes à gérer pour le management qu'un gisement potentiel de cohésion et d'engagement au service d'une performance optimale. Dans ce cadre qui prévaut encore dans beaucoup d'organisations, les émotions doivent être apprivoisées, dominées, voire occultées[3].

Cependant, sous la pression irrésistible de la complexité croissante de leurs activités, des environnements dans lesquels elles opèrent, d'une révolution digitale qui a bouleversé en quelques décennies les modèles bureaucratiques fondés sur le « vertical » et des aspirations toujours plus pressantes des salariés à trouver du plaisir au travail, la gestion des subjectivités et donc de leurs affects, devient une préoccupation majeure pour les directions générales. Ainsi, lorsqu'il s'agit de mobiliser les intelligences et

2. Damasio A.R. (2006), *L'erreur de Descartes : la raison des émotions*, Odile Jacob.

3. Lhuillier D. (2006), « Compétences émotionnelles : de la proscription à la prescription des émotions au travail », *Psychologie du travail et des organisations*, 12(2), 91-103.

les énergies au travail, « *la subjectivité intervient donc comme un élément déterminant de l'activité organisée des rapports sociaux de l'entreprise*[4] ». Pour le salarié, cela se traduit par de nouvelles attentes à l'égard de son manager en termes d'autonomie, de capacités relationnelles et de « gestion » de sa subjectivité à travers son rapport à lui-même et à autrui[5].

De nombreuses études sur la souffrance au travail témoignent de la montée des émotions négatives (peur, angoisse, colère…), des tensions et de l'épuisement. À travers des politiques de prévention ou de réparation du mal-être, on cherche ainsi depuis de nombreuses années à prévenir ou réparer le mal-être en diminuant les émotions négatives. L'essor de la Psychologie Positive à travers les pratiques et les outils qu'elle offre, propose d'adopter une autre perspective, axée sur le bien-être et les émotions positives. Fondée sur la santé des salariés, elle s'intéresse au renforcement de leurs ressources pour mener à bien leur mission. En passant de la proscription à la prescription des émotions, cette véritable « **révolution affective** » **organisationnelle consiste à considérer que les émotions sont au cœur de l'organisation et qu'il s'agit dès lors d'apprendre à les reconnaître, les décoder et en tirer le meilleur** pour favoriser l'épanouissement et la performance optimale individuelle et collective.

Les émotions « négatives/ désagréables » au travail…

Imaginer le travail comme un espace dont seraient bannies toutes émotions négatives serait bien sûr ignorer totalement que pour beaucoup, celui-ci est malheureusement avant tout une source de souffrance !

Quel que soit le secteur d'activité, le métier, le statut ou encore la fonction concernés, nombreux sont ceux pour lesquels l'exercice de l'activité professionnelle devient douloureux, voire un vrai calvaire pouvant conduire à la maladie, voire au suicide comme en attestent certains exemples qui

4. Floris B. (1992), « Le management de la subjectivité », *Sciences de la Société*, 27(1), 49-62.

5. Brunel V., 2004, *Les managers de l'âme*, La Découverte.

ont défrayé la chronique[6]. Face aux contraintes psychiques du travail, les résonances émotionnelles dans bon nombre d'organisations, sont dominées par la peur, la frustration, le dégoût, la honte, la colère et bien d'autres variations, qui sapent tant la confiance en soi que l'estime de soi avec leur cortège de conséquences sur la santé physique et mentale[7].

Focus sur la peur

Réelle ou imaginaire, elle se manifeste dans l'exercice de son activité professionnelle sous sa forme primaire ou ses formes dérivées comme l'angoisse et l'anxiété. Si, pour certains, celle-ci est associée à des risques objectifs, pour le plus grand nombre la peur s'exprime de manière plus subtile, à tous les stades de la vie professionnelle. Peur de ne pas trouver (ou retrouver) un emploi, peur de ne pas être à la hauteur, peur de faire une erreur, peur d'être dépassé, déclassé, rejeté… Peur enfin de l'après carrière et du désœuvrement. Qu'elle soit individuelle ou collective, notre expérience quotidienne peut conduire à vivre sans cesse avec un sentiment de menace qui, a son tour, vient nourrir les représentations d'un risque réel ou supposé. Ces nouvelles instabilités génératrices de peur sont alimentées par de nombreux facteurs parmi lesquels on peut noter les mutations rapides du marché et de l'organisation du travail, la révolution digitale, les processus d'individualisation[8]… On a pu également mesurer l'impact de la crise sanitaire du Covid-19 qui, à travers les expériences de confinement et de télétravail qu'elle a générées, a encore accentué pour beaucoup cette sensation d'incertitude et d'anxiété au travail[9]. Ainsi, lorsque l'environnement général est dominé par la sensation d'urgence et d'anxiété, il devient vital pour l'organisation d'apprendre à créer et cultiver un sentiment général de Sécurité Psychologique (➢ Clé n° 5), de nourrir l'espoir et de favoriser l'engagement individuel et collectif dont l'expérience d'émotions positives constitue le meilleur gage d'épanouissement au service d'une performance durable.

6. https://myrhline.com/type-article/france-telecom-suicide/

7. Dejours C. (2000), « Travail », *Usure mentale, 3.*

8. Guénette A.M., & Le Garrec S. (2016), *Les peurs au travail,* Octarès éditions.

9. Chercheur Collectif SOL France, *L'apprenance en contexte de crise sanitaire*, décembre 2020.

À MÉDITER

« Alors que le dégoût et la honte ont tendance à disparaître au bout de 30 minutes, la tristesse dure pendant une durée moyenne de 120 heures. L'ennui a tendance à passer dans quelques heures, bien que naturellement sa durée de vie est perçue comme plus longue. La peur a tendance à être de courte durée, alors que l'anxiété qui est un proche cousin dure beaucoup plus longtemps. Si la honte est comme une brûlure qui passe relativement rapidement, le sentiment de culpabilité a tendance à traîner beaucoup plus longtemps. »

Référence « Which emotions last longest and why: The role of event importance and rumination » ; Motivation and Emotion ; Philippe Verduyn and Saskia Lavrijsen ; February 2015, vol. 39, Issue 1, p. 119-127.

Les émotions positives au travail, pour quoi faire ?

Ce n'est qu'assez récemment que l'on a commencé à se pencher sur l'intérêt et les bienfaits des émotions positives. Jusqu'alors, les efforts de recherche en la matière s'étaient principalement intéressés à la compréhension des facteurs et des conséquences des émotions négatives comme la colère, l'anxiété ou la peur. De fait, **notre cerveau a une tendance prédominante à percevoir les éléments menaçants ou angoissants du quotidien au détriment des événements positifs ou satisfaisants : c'est ce que l'on nomme le biais de négativité**[10]. Si les émotions négatives nous sont utiles car elles nous permettent de focaliser notre attention sur les éléments particuliers d'une situation et de favoriser les comportements visant à notre survie (ex : la peur nous pousse à centrer notre attention sur l'élément menaçant), celles-ci comme on l'a vu précédemment sont non seulement désagréables à vivre, mais leur expérience régulière en situation de travail empêche l'expression

10. Baumeister R.F., Bratslavsky E., Finkenauer C., & Vohs K.D. (2001), « Bad is stronger than good », *Review of general psychology*, 5(4), 323-370.

de nos Forces de caractère (➤ Clé n° 2) et sape notre capacité à réaliser nos potentiels d'épanouissement et de performance. Ainsi, en réduisant les possibilités de faire face à un problème qui se présente à nous, les émotions négatives nous enferment dans un comportement binaire de confrontation ou d'évitement sources de ruminations mentales incessantes[11].

C'est à la fin des années 1990 qu'une révolution majeure s'opère dans le domaine avec la théorie « Élargir et construire » (Broaden and Build)[12] développée par la psychologue Barbara Fredrickson. Selon cette théorie, les émotions positives que nous ressentons présentent un double bénéfice :

- élargir momentanément notre répertoire de pensées et d'actions ;
- construire, développer nos ressources physiques, intellectuelles, psychologiques et sociales.

Elle démontre ainsi que les émotions positives comme la joie, la fierté, l'intérêt ou la gratitude nous sont elles aussi indispensables et **offrent des bénéfices sur les plans de la santé, le bien-être, la résilience, l'attention, la mémoire, la créativité et les relations**[13]. Au-delà de mettre à jour l'intérêt des émotions positives, de comprendre la spécificité des processus qui leur sont liés et de cerner la singularité de leurs effets sur le fonctionnement humain, la recherche actuelle, supportée par l'essor des neurosciences, vise à développer des outils et des pratiques qui nous permettent de mieux réguler nos émotions positives, principalement en vue d'en augmenter la durée ou l'intensité.

Dans le cadre professionnel, la recherche sur le rôle bénéfique des émotions positives nous apprend que celles-ci ont aussi un impact sur :

- le bien-être et le succès[14] ;
- la motivation[15] ;

11. Luminet O. (2008), *Psychologie des émotions : confrontation et évitement*, De Boeck Supérieur.

12. Fredrickson B.L. (2001), « The role of positive emotions in positive psychology: the broaden-and-build theory of positive émotions », *American psychologist*, *56*(3), 218.

13. Fredrickson B.L. (1998), « What good are positive emotions? », *Review of general psychology*, *2*(3), 300-319.

14. Diener E., Thapa S., & Tay L. (2020), « Positive emotions at work », *Annual Review of Organizational Psychology and Organizational Behavior*, *7*, 451-477.
Lyubomirsky S., King L., & Diener E. (2005), « The benefits of frequent positive affect: Does happiness lead to success? », *Psychological bulletin*, *131*(6), 803.

15. Erez A., & Isen A.M. (2002), « The influence of positive affect on the components of expectancy motivation », *Journal of Applied psychology*, *87*(6), 1 055.

- la performance[16] ;
- la prise de décision[17] ;
- la satisfaction ressentie à l'égard de ses collègues et du manager[18] ;
- l'engagement[19] ;
- la résolution de problème[20].

De manière générale, la fréquence et la durée de l'expérience de vivre des émotions positives au travail répondent à quatre besoins essentiels pour l'individu :

1. **Apprendre et transmettre**[21] avec quatre émotions plus particulièrement identifiées : surprise, intérêt/curiosité, confusion et admiration (➤ Clé n° 8).
2. **Créer et développer des connexions/relations de Haute Qualité**[22] que nourrissent des émotions telles que la joie, la fierté, la confiance et la gratitude (➤ Clé n° 5).
3. **Ressentir l'appartenance à un collectif**[23] : le sentiment de solitude est un prédicteur d'un moindre bien être et d'un faible engagement au travail.
4. **Éprouver de l'empathie**[24] : composante essentielle de l'Intelligence Émotionnelle en tant que capacité à partager et comprendre les pensées et les sentiments des autres.

16. Ashby, F. G., Isen, A. M., & Turken, A. U. (1999). A neuropsychological theory of positive affect and its influence on cognition. *Psychological Review*, 106(3), 529–550 ; Baas, M., De Dreu, C. K. W., & Nijstad, B. A. (2008). A meta-analysis of 25 years of mood-creativity research: Hedonic tone, activation, or regulatory focus? *Psychological Bulletin*, 134(6), 779–806.

17. Lerner J.S., Li Y., Valdesolo P., & Kassam K.S. (2015), « Emotion and decision making », *Annual review of psychology, 66*, 799-823.

18. Hu, X., & Kaplan, S. (2015), « Is "feeling good" good enough? Differentiating discrete positive emotions at work », *Journal of Organizational Behavior, 36*(1), 39-58.

19. Salanova M., Schaufeli W.B., Xanthopoulou D., & Bakker A.B. (2010), « The gain spiral of resources and work engagement: Sustaining a positive worklife », *Work engagement: A handbook of essential theory and research*, 118-131.

20. Mayer J.D., Roberts R.D., & Barsade S.G. (2008), « Human abilities: Emotional intelligence », *Annu. Rev. Psychol., 59*, 507-536.

21. Kensinger E.A., & Schacter D.L. (2008), « Memory and emotion » in Michael Lewis, Jeannette M. Haviland-Jones, And Lisa Feldman Barrett (2008), *Handbook of émotions*, 3e édition, The Guilford Press.

22. Stephens J.P., Heaphy E., & Dutton J.E. (2012), « *High-quality connections* » *in* Gretchen M. Spreitzer, and Kim S. Cameron (eds), *The Oxford Handbook of Positive Organizational Scholarship*, Oxford Library of Psychology.

23. Perlman D., & Peplau L.A. (1982), « Theoretical approaches to loneliness », *Loneliness: A sourcebook of current theory, research and therapy, 36*, 123-134.

24. Bar-On R.E., & Parker J.D. (2000), *The handbook of emotional intelligence: Theory, development, assessment, and application at home, school, and in the workplace*, Jossey-Bass.

L'Intelligence Émotionnelle

Défini initialement par les psychologues Salovey et Mayer en 1990, le concept d'Intelligence Émotionnelle (IE), sera vraiment popularisé par le modèle de Daniel Goleman[25]. En s'exprimant tant sur le plan intra-personnel qu'inter personnel, l'Intelligence Émotionnelle consiste à être capable de reconnaître, accueillir, écouter et décoder les émotions chez soi et chez les autres et s'en servir de leviers pour ajuster son comportement en réponse. Selon lui, elle repose sur cinq composantes :

- La **conscience de soi** : être connecté à ses ressentis et intuition, reconnaître lorsqu'on ressent une émotion, savoir l'écouter, la nommer, la comprendre…
- La **maîtrise de soi** : capacité à contrôler ses réactions aux émotions, ses impulsions, à faire des choix réfléchis. À s'adapter aux changements et rebondir après un échec (résilience).
- La **motivation interne** : cultiver l'envie, l'entrain, développer son enthousiasme, relever de nouveaux défis.
- L'**empathie** : porter son regard sur l'autre, l'écouter avec bienveillance, savoir reconnaître les émotions à travers des signaux même faibles, les accueillir, les accepter, comprendre ses besoins, ses points de vue, éviter de le juger.
- L'**interaction sociale** : développer son leadership, bâtir des relations solides et de confiance, dialoguer et communiquer, soutenir les autres dans leur développement.

Dans cette nouvelle perspective de « compétences émotionnelles », il s'agit d'appréhender l'émotion comme un outil de travail et un facteur essentiel pour répondre au besoin croissant de travailler en mode collaboratif. Au sein de l'organisation, les émotions font partie intégrante et indissociable de la vie quotidienne et elles constituent un facteur majeur de la qualité de la communication interpersonnelle. En outre, dans un monde toujours plus technologique où l'intelligence artificielle (IA) accélère la disparition

25. O'Neil J. (1996), « On Emotional Intelligence: A Conversation with Daniel Goleman », *Educational Leadership*, 54(1), 6-11.

de nombreux métiers, on peut penser que seule notre capacité à ressentir et à insuffler des émotions dans ce que nous faisons et notre rapport aux autres, fera de l'Intelligence Émotionnelle une qualité toujours plus recherchée et précieuse à l'avenir pour lutter contre la domination de la machine.

À MÉDITER...

Le QE (quotient émotionnel) serait un indicateur plus fiable que le QI (quotient intellectuel) pour prédire la réussite professionnelle. Une méta-analyse révèle qu'environ **58 % de la réussite professionnelle d'une personne serait imputable à ses compétences émotionnelles.**

CE QUE J'AI APPRIS DE L'EXPÉRIENCE

« Ici, il n'y a pas de place pour les états d'âme, ils restent à la porte du bureau ! »

Selon cette phrase souvent entendue, la persona professionnelle devrait être débarrassée de tout ce qui entrave ce qui serait le « bon fonctionnement » attendu, soit celui d'un être humain finalement sans émotion et sentiment – autant dire un robot. Pour ma part, cette position est non seulement inepte d'un point de vue intellectuel et moral, mais surtout totalement contre-productive lorsqu'il s'agit justement de faire collaborer des personnalités différentes pour atteindre un objectif de performance commun. Au registre des paradoxes de l'entreprise, la demande d'authenticité pour créer de la confiance s'accompagne le plus souvent de l'accord tacite sur le fait que certaines émotions ne sauraient s'exprimer dans le cadre professionnel. Par le masque social qu'il impose, celui-ci peut très facilement créer de la dissonance émotionnelle, soit un malaise chez la personne en ce qu'elle fait l'expérience de sentiments contradictoires. L'écart entre ce qui est ressenti réellement et l'expression des sentiments engendre un sentiment d'inauthenticité ou d'imposture, sources de mal-être et de stress. Nous le savons tous, un sourire de façade peut se traduire en interne pour la personne par un ressenti de frustration ravalée, un sentiment de honte ou de mépris. En tant que salarié, combien de réunions ou d'entretiens de fin d'année dans lesquels les jeux d'acteurs ne laissaient que peu de place à des « échanges authentiques », seuls susceptibles de susciter de véritables remises en question pour faire évoluer les croyances et les comportements de chacun. À l'inverse, en tant que manager j'ai aussi pu mesurer qu'offrir cet espace d'expression émotionnel à ses collaborateurs n'allait pas sans risque. En effet, cela demande d'être prêt à accueillir tout ce qui émerge en retour, même et surtout, si le retour n'est pas « positif », voire qu'il donne lieu à une critique appuyée.

« Mais enfin… sois spontané ! »

Aujourd'hui en tant que coach, je constate que la majeure partie des questions de mes clients sont liées au « vécu émotionnel » que génèrent les relations avec leurs collaborateurs ou avec leur hiérarchie. Pris au jeu des injonctions paradoxales, des « il faut » et des « je dois », du « coûte que coûte » et du classique « chez nous c'est comme ça qu'ça marche », pas étonnant que la fonction de manager n'attire plus autant que par le passé… Si une chose est d'accepter son erreur et de présenter ses excuses, une autre plus difficile (et c'est souvent le cas) est de s'entendre faire des reproches à titre personnel sur des situations ou des décisions qui sont le fruit d'un système dans lequel on n'est jamais qu'un maillon de la chaîne pris entre le marteau et l'enclume. Difficile alors de concilier son devoir de loyauté à l'égard de l'institution et l'exemplarité qu'impliquent son rôle de manager avec sa compréhension de revendications justifiées de la part de ses collaborateurs. Quelle surprise dans ces conditions que le « mode survie » auquel invite la recherche d'une performance maximale, prenne le pas sur la recherche du plaisir et de l'épanouissement au travail !

Et si le conflit était « la » solution ?

En ce qui concerne le coaching d'équipe, j'ai été surpris à l'issue de la crise sanitaire par le nombre de sessions qui ont donné lieu à l'expression de conflits ouverts. Comme si les tensions personnelles et professionnelles liées à une situation critique accompagnées pour beaucoup, par l'irruption dans l'urgence du travail à distance, avaient exacerbé les difficultés relationnelles et mis à mal une forme d'autorégulation sociale qui prévalait jusqu'alors. Ainsi, à plusieurs reprises et malgré tous mes efforts pour anticiper les tensions, j'ai dû me rendre à l'évidence : la question n'était pas de savoir si cela allait « péter » mais plutôt de savoir à quel moment cela allait « péter » ? Un peu comme dans ces réunions de famille où chacun sait qu'à un moment ou un autre, à moins de faire semblant toute la soirée, l'oncle Albert ou la belle-sœur Marjorie vont mettre le sujet qui fâche sur la table et ruiner le réveillon de Noël ou l'anniversaire du petit Adrien. Comme en avion à l'approche d'une zone de turbulence, il est recommandé d'attacher ceintures et bretelles. Autrement dit de « poser un cadre » accepté par tous pour que les émotions puissent s'exprimer et être entendues. Il s'agit que chacun puisse dire ce qui lui provoque mécontentement ou insatisfaction, exprimer clairement son besoin à l'égard du groupe ou des personnes concernées et comprendre en retour la part de responsabilité qui lui revient et ce qu'il peut faire pour améliorer les choses. L'enseignement que je retire des expériences dans le domaine est que même si personne n'aborde ces « moments de vérité » de gaîté de cœur, le passage du « non-dit » à l'explicite a un impact positif. Cela libère des énergies qui, si elles sont bien canalisées, créent du « jeu », c'est-à-dire un espace où de nouveaux « je » peuvent se révéler. Ainsi, si on peut voir le conflit comme un l'aboutissement d'un processus, on peut aussi l'envisager comme le point de départ d'une nouvelle dynamique collective plus saine et plus susceptible de permettre l'émergence de l'Intelligence Collective.

LES APPLICATIONS PRATIQUES EN ENVIRONNEMENT PROFESSIONNEL

 La personne au travail

« Aide-toi, le ciel t'aidera... »

Exécuter une tâche, négocier avec un client, animer ou participer à une réunion, prendre une décision, apprendre une nouvelle technique, obtenir une promotion, prendre une pause-café avec un collègue… autant de moments et d'opportunités pour ressentir du plaisir, éprouver le sentiment positif du « travail bien fait » et partager des émotions positives dans son activité professionnelle. Mais que faire de la frustration ou de la tristesse que provoque la critique injuste d'un manager mal luné ? Comment accueillir la colère d'un client ou d'un patient lorsqu'en première ligne, on doit assumer le manque de professionnalisme de ses collègues ou la faillite d'un système qui a oublié sa raison d'être ? Comment sourire à son interlocuteur lorsque l'on vit un drame personnel ? Et que dire de l'égalité des sexes en matière d'expression des émotions au travail ?

Dans tous les cas, que notre travail soit source d'épanouissement et que l'on souhaite en amplifier les effets bénéfiques, ou qu'il soit source de souffrance et que notre objectif soit d'en limiter les effets négatifs, la meilleure manière de le faire consiste à orienter ou réorienter consciemment notre attention vers les aspects positifs du quotidien. Naturellement orienté vers les aspects négatifs et menaçants du quotidien (*cf.* biais de négativité), notre cerveau nous incline à être davantage attentif à ce qui ne va pas qu'à ce qui fonctionne. Si cette tendance naturelle suscite la méfiance, le pessimisme et le découragement, nous savons aujourd'hui que celle-ci peut être compensée, voire dépassée par le développement de l'empathie, la gratitude et l'optimisme par exemple.

Pratique positive n° 13 : Auto check-up émotionnel au travail
Pratique positive n° 14 : Développer son Intelligence Émotionnelle

À MÉDITER...

Identifier les émotions et besoins d'autrui ne veut pas dire que l'on doit absolument les satisfaire à tout prix mais cela nous permet :

- d'évaluer « l'état de la relation » ;
- de connaître les besoins et attentes de l'autre ;
- de nous ajuster à autrui en reconnaissant et en appréciant la valeur de ce qu'il vit et exprime.

Le manager et l'équipe

Être intelligent et ressentir ? Et pourquoi pas penser en marchant tant qu'on y est ?

L'Intelligence Émotionnelle est considérée aujourd'hui comme l'une des dix compétences les plus importantes[26] ; autant dire que celle-ci est d'autant plus essentielle pour un manager de proximité. Force est de constater que pour bon nombre d'entre eux, c'est souvent la peur qui prédomine (peur de ne pas atteindre les objectifs, de perdre la face, de décider, de recadrer un collaborateur...). Dominés par la peur, ils sont enclins à être dans l'évitement ou au contraire à exercer un fort contrôle sur leurs équipes. Dans une évolution qui met l'accent sur le management des émotions au travail, la sincérité et l'authenticité du manager sont des marqueurs essentiels de la conscience qui est la sienne de l'impact des émotions sur son comportement, ses prises de décisions, la cohésion de l'équipe et le bien-être de ses collaborateurs.

26. Leopold T.A., Ratcheva V.S., & Zahidi S. (2018, September), « The future of jobs report 2018 », *World Economic Forum* (vol. 2).

La fréquence est plus importante que l'intensité !

Les recherches de Barbara Fredrickson nous apprennent que le ratio d'épanouissement de l'individu est au minimum de 3 émotions positives pour une négative éprouvée. Étudié au niveau des équipes de travail, ce ratio est un fort prédicteur de la performance collective. En cela, le manager a un rôle essentiel dans la « tonalité émotionnelle » de son équipe au quotidien, et cela tant dans les périodes de succès que plus encore dans les moments difficiles. Plus que l'intensité des marques de reconnaissance, c'est leur fréquence qui a un impact positif sur l'estime et l'engagement de ses collaborateurs. En tant que manager, chaque réunion ou événement collectif doit être une opportunité pour créer et renforcer ce ratio de positivité au sein de l'équipe à travers l'expérience d'émotions positives parmi lesquelles :

- **Joie** : prendre le temps de partager les événements heureux, qu'ils soient professionnels (succès, objectifs réalisés, promotion d'un membre de l'équipe…), mais aussi personnels (anniversaire, naissance…).
- **Sécurité** : créer un sentiment de solidarité et de confiance dans la force du groupe à surmonter les difficultés.
- **Espoir** : partager et faire partager ce qui donne de l'espoir et nourrit la confiance dans les projets et réalisations futures.
- **Gratitude** : témoigner sa gratitude à l'égard de l'équipe et encourager son expression entre les personnes qui la composent.
- **Amusement** : encourager l'humour et cultiver le rire comme signe de bonne santé du collectif.
- **Admiration** : favoriser l'expression de la reconnaissance de la valeur de chacun à travers ses réalisations et ses talents particuliers.
- **Reconnaissance** : favoriser l'estime de soi et la fierté à travers les succès remportés et les défis relevés.

À MÉDITER...

Les managers qui croient encore au pouvoir de la peur pour motiver se trompent : au contraire, **la peur inhibe la collaboration.** La recherche en neurosciences montre, en effet, qu'elle consomme des ressources physiologiques, les détournant des zones du cerveau qui gèrent la « mémoire de travail », nuisant de ce fait à la réflexion analytique, aux idées créatives et à la résolution de problèmes.

Pratique positive n° 15 : L'Intelligence Émotionnelle du manager en action

Pratique positive n° 16 : Savoir dire « stop »

L'organisation

Dans l'Organisation Positive, on ne considère pas que les émotions parasitent le travail mais tout au contraire qu'elles en sont le moteur et l'énergie inépuisable du « faire ensemble ». Les émotions en ce qu'elles renvoient sans cesse aux trois temps de l'organisation (passé, présent, futur), sont le matériau de ce qui colore sa culture, ses rituels et ses pratiques collaboratives. L'organisation vit-elle dans les émotions empreintes de tristesse, voire de colère liées au regret de sa splendeur passée ou cultive-t-elle l'enthousiasme et l'optimisme dans sa capacité à relever les défis du futur ? Comme il la perçoit et la vit comme un organisme vivant, le leader de l'Organisation Positive sait qu'au-delà des actifs immobiliers et financiers, au-delà des Savoir Faire et des process, ce sont les émotions partagées qui constituent l'énergie dont l'organisme a besoin. Ainsi, il lui revient de savoir les cultiver et les canaliser pour que chacun se développe au mieux de ses potentiels au sein de son écosystème. Pour lui, il ne s'agit pas d'opposer le champ des émotions au champ de la raison mais bien de rechercher perpétuellement l'équilibre idéal entre l'ordre que cherche la raison et le chaos que génère l'émotion. À l'instar de Dee Hock, fondateur de VISA International, il voit ainsi ces deux principes du vivant à l'œuvre dans son organisation chaordique[27] : une dimension d'ordre qui permet de répéter, améliorer, anticiper et une dimension de chaos qui ouvre à la créativité, l'adaptation, l'innovation.

La « contagion émotionnelle » au service de la transformation perpétuelle

Comme de nombreuses recherches récentes en neurosciences le confirment : les émotions sont intimement liées à la réflexion et à la prise de décision. Dans un environnement toujours plus complexe et instable et à l'ère des réseaux sociaux, la logique chère à Descartes avec son avatar qu'est le réductionnisme, a tout du bon médicament d'hier administré à un mort d'aujourd'hui. Pour le leader, il s'agit toujours plus de réconcilier le présent au futur dans sa prise de décision. Le « raisonnement » doit souvent laisser la place à l'intuition et à la confiance dans l'émergence naturelle de la solution co-conçue dans le « champ de l'Intelligence Collective » et dont la mise en œuvre repose sur l'engagement de chacun à faire une réalité de la Vision partagée. Or c'est bien la dimension émotionnelle de cette Intelligence Collective qui en favorise ou non l'expression, et plus encore la posture des collaborateurs à l'égard de ce qu'il s'agit d'abandonner pour se transformer individuellement et collectivement. Il n'est pas question ici d'ignorer l'aspect cognitif de l'adoption du changement (acceptation, appropriation, voire enrichissement), mais bien de mettre l'accent sur son incontournable dimension émotionnelle encore trop souvent oubliée ou au mieux sous-évaluée. La question du changement organisationnel positif consiste alors à se demander comment convaincre un acteur interne et externe que la démarche stratégique suivie par l'organisation est bénéfique pour qu'il ressente et diffuse des émotions perçues comme « positives » dans sa mise en œuvre.

27. Hock D. (2009), *One from many: Visa and the rise of chaordic organization*, readhowyouwant.com.

Les émotions au service de l'action

Si « *la diffusion des émotions dans un groupe est une caractéristique intrinsèque à l'existence d'un groupe*[28] », alors le leader doit porter une attention particulière à l'émotion collective dominante, fruit d'une contagion émotionnelle qui influence la dynamique et la performance de son organisation. Ainsi, selon qu'elle génère des comportements d'évitement, de refus ou de résistance ou au contraire des pensées et des attitudes nourries d'espoir, de confiance et d'enthousiasme, celle-ci est à la base de la dynamique adaptative requise pour continuer à évoluer au mieux dans un monde complexe et incertain. Trop d'environnements professionnels sont encore dominés par l'inhibition consistant à retenir son comportement ou ses émotions. Pour l'observateur extérieur, cela donne lieu à un théâtre où chacun porte un masque et se voit contraint de faire preuve d'attitudes convenues dans une pièce sans cesse rejouée. Le respect des « règles d'usage » issue des émotions du passé, étouffe toute forme de spontanéité, de créativité et donc de prise d'initiative, seules génératrices d'émotions positives au présent pour « penser et agir » dans le sens d'un futur désirable pour l'ensemble des parties prenantes de l'organisation.

Pratique positive n° 17 : Créer des Réseaux d'énergie positive (Positive Energy Networks)

28. Sandelands L.E., & St Clair L. (1993), Toward an empirical concept of group. *Journal for the Theory of Social Behaviour*, 23(4), 423–458

LES QUESTIONS DU COACH APPRÉCIATIF

- Est-ce que je sais identifier mes émotions : en avoir conscience et pouvoir les nommer ?
- Est-ce que je sais leur donner du sens : mettre en relation le déclencheur et l'émotion et identifier le besoin à satisfaire ?
- Suis-je en capacité de les exprimer avec justesse ?
- Suis-je en capacité de les identifier chez les autres ?
- Suis-je en capacité de les accueillir quelles qu'elles soient lorsqu'elles s'expriment ?
- Comment vit-on les « émotions » dans mon équipe, mon organisation ?
- Quelles sont celles qui prédominent ?
- Comment mes collaborateurs expriment-ils leur déception, colère, frustration, peur, enthousiasme, joie, plaisir ? À quelles occasions ?
- Comment mobilise-t-on ces énergies au service de la collaboration, de l'épanouissement individuel et collectif au service de la performance dans mon organisation ?

CLÉ N° 4

Susciter et renforcer l'engagement

« Qui dit qu'une vie sans engagement est une vie sans substance ? Un phraseur pompeux quelconque, sûrement… Mais ce gars a quand même touché la vérité du doigt. »

Douglas Kennedy

En quelques mots…

Un des critères majeurs pour une Organisation Positive tient au fort taux d'engagement de toutes ses parties prenantes. Cela se traduit par une performance exceptionnelle qui est le résultat d'individus et de collectifs qui mettent leur énergie à exprimer leurs valeurs au quotidien pour servir une raison d'être ambitieuse, inspirante et soucieuse de répondre au triple bilan social, environnemental et financier[1]. Précisons ici que l'engagement et la satisfaction au travail sont deux choses bien différentes. La satisfaction est l'évaluation positive faite par un collaborateur selon ses propres critères sur sa qualité de vie au travail (QVT) ; celle-ci ne présage pas pour autant de son engagement !

L'engagement se traduit par une forte intention ou tension positive et envie de contribuer. Il se révèle à travers l'enthousiasme et l'implication dans l'action d'une personne dans son travail. Si le sujet était déjà une forte préoccupation pour les organisations avant la crise sanitaire du Covid-19, ses effets physiques et psychologiques combinés avec l'essor inexorable du télétravail en ont fait depuis lors une priorité pour tous les dirigeants d'entreprises.

1. *Triple Bottom Line: People, Planet, Profit.* Elkington J. (2018), « 25 years ago I coined the phrase "triple bottom line." Here's why it's time to rethink it », *Harvard business review*, *25*, 2-5.

CE QUE NOUS DIT LA RECHERCHE

L'engagement : un concept à plusieurs dimensions

En latin médiéval, la notion d'engagement renvoyait à l'idée de « *s'engager à fournir des preuves* ». Aujourd'hui, celle-ci fait référence à un « *acte par lequel on s'engage à accomplir quelque chose ; promesse, convention ou contrat par lesquels on se lie : contracter un engagement. Faire honneur à ses engagements* ». Dans la sphère professionnelle, le concept scientifique d'engagement tente de comprendre :

- la nature des liens qui régissent la relation du travailleur avec l'organisation qui l'emploie ;
- les implications de la relation sur son choix d'en rester ou non l'un de ses membres.

Comme nous allons le voir, celui-ci peut prendre des formes plus ou moins intenses mais dans sa version la plus marquée, on peut considérer que « *l'engagement au travail est le sentiment d'attachement, de loyauté d'un individu envers son entreprise. C'est ce qui fait qu'un employé ne travaille pas pour percevoir un salaire ou pour la stabilité d'un emploi, mais dans le but d'atteindre les objectifs de l'entreprise, de diffuser sa mission, de l'aider à porter son ambition*[2] ».

La notion d'engagement englobe ainsi de nombreuses dimensions tant physiques (besoins primaires) que psychologiques comme le sens (➢ Clé n° 6), la motivation, la qualité des relations professionnelles (➢ Clé n° 5), la satisfaction et le Flow (➢ Clé n° 7) éprouvés dans la tâche en elle-même.

2. Thévenet M. (2014), *L'Enjeu de l'encadrement au travail*, https://www.youtube.com/watch?v=uMLHQB4VxNA.

Ainsi, l'engagement peut se définir par une relation au travail vécue comme positive, épanouissante et caractérisée par :

- la vigueur : haut niveau d'énergie, volonté de consentir aux efforts dans son travail et persistance face aux difficultés ;
- le dévouement : identification psychologique à son travail (sens, utilité, service d'une cause…) ;
- l'absorption : faire l'expérience de l'état de Flow dans son activité[3].

Les trois niveaux d'engagement au travail[4]

La recherche scientifique identifie trois degrés d'engagement que les employés peuvent ressentir :

- **L'engagement affectif** : se traduit par un attachement émotionnel, l'identification et l'implication à, et dans l'organisation. L'employé reste dans l'entreprise parce qu'il le veut. C'est le plus important pour une organisation et on considère qu'il doit être supérieur aux deux autres niveaux d'engagement.
- **L'engagement normatif** : se traduit par un sentiment de loyauté, de devoir ou de responsabilité. L'employé reste dans l'entreprise parce qu'il pense avoir une obligation morale vis-à-vis de l'entreprise. Cet engagement dépend des valeurs du collaborateur et de son sentiment de devoir envers sa hiérarchie.
- **L'engagement calculé (ou de continuité)** : correspond au coût perçu de quitter l'organisation pour l'employé et tient davantage à une forme de dépendance qu'à un engagement libre. L'employé garde son emploi parce qu'il en a besoin.

3. Schaufeli W.B., Salanova M., González-Romá V., & Bakker A.B. (2002), « The measurement of engagement and burnout: A two sample confirmatory factor analytic approach », *Journal of Happiness studies*, 3(1), 71-92.

4. Herrbach O. (2005), « États affectifs et formes d'engagement. Analyse et conséquences pour le concept d'engagement organisationnel », *Psychologie du travail et des organisations*, 11(3), 135-150.

La mesure de l'engagement et son impact

S'il est une référence en matière de recherche sur le sujet, c'est l'institut Gallup fondé en 1947 par le Dr Gallup qui conduit des enquêtes très poussées auprès des salariés dans le monde entier. Fondée sur quatre niveaux et douze critères, pour identifier le niveau d'engagement et la performance des salariés vis-à-vis de leur entreprise, Gallup mène une étude annuelle à partir du sondage Q12® :

➢ **Qu'est-ce que j'ai ? (Besoins basiques)**

- **Q1** Je sais ce qu'on attend de moi.
- **Q2** J'ai le matériel et les équipements nécessaires pour travailler.

➢ **Quelles sont mes contributions ?**

- **Q3** J'ai l'opportunité de faire ce que je fais de mieux tous les jours.
- **Q4** Durant les 7 derniers jours, j'ai reçu de la reconnaissance pour avoir fait du bon travail.
- **Q5** Mon manager semble s'intéresser à moi en tant que personne.
- **Q6** On encourage mon développement au travail.

➢ **Fais-je partie d'une équipe ?**

- **Q7** Mon opinion semble compter.
- **Q8** La mission de mon entreprise me donne le sentiment que mon travail est important.
- **Q9** Mes collègues s'engagent à faire un travail de qualité.
- **Q10** J'ai un très bon ami au travail.

➢ **Comment puis-je progresser ?**

- **Q11** Durant les 6 derniers mois, quelqu'un au travail m'a parlé de mes progrès.
- **Q12** Durant l'année, j'ai eu l'opportunité d'apprendre et grandir.

Les résultats de cette enquête se traduisent par trois niveaux d'engagement des salariés au travail :

➢ **Activement engagés**

Fortement impliqués et enthousiastes dans leurs fonctions et sur leur lieu de travail, ils sont psychologiquement impliqués et ils contribuent activement à la performance et l'innovation de leur entreprise.

➢ **Pas engagés**

Psychologiquement détachés de leur fonction et de leur entreprise, ils investissent du temps mais comme leur besoin d'engagement n'est pas satisfait, ils ne mettent pas d'énergie ni de passion dans leur travail.

➢ **Activement désengagés**

Les employés ne sont pas seulement malheureux au travail, ils sont frustrés que leurs besoins ne soient pas satisfaits, transmettent leur démotivation et sapent au quotidien les accomplissements de leurs collègues engagés.

Selon le rapport 2021 (State of the Global Workplace, 2021) :

- les salariés français sont les plus **désengagés** au travail en Europe de l'Ouest ;
- **7 %** d'entre eux se disent **engagés** au travail (11 % en 2011) ; ils sont **34 %** aux États-Unis ;
- 77 % se disent « **désengagés** », 10 % « **activement désengagés** » pour seulement 13 % qui se déclarent « engagés » au travail.

À MÉDITER…

L'impact de l'engagement sur la performance organisationnelle

De très nombreuses études nous enseignent la forte corrélation entre le niveau d'engagement des employés au travail et :

- absentéisme (– 49 %) ;
- rotation des employés (– 24 %) ;

- productivité (+ 17 %) ;
- problèmes qualité (– 40 %) ;
- accidents du travail (– 70 %) ;
- expérience client (+ 79 %) ;
- ventes (+ 21 %) ;
- profit (+ 21).

L'engagement : un avant et un après Covid-19…

S'il est encore bien trop tôt pour évaluer l'ensemble des répercussions de la crise sanitaire mondiale de 2020 sur l'engagement des salariés, on peut d'ores et déjà mesurer à quel point celle-ci préfigure des changements profonds dans le rapport au travail pour bon nombre d'entre eux. La productivité individuelle et la santé mentale de beaucoup ont été affectées par le manque de sécurité de l'emploi, de longues périodes d'isolement et d'incertitude, l'anxiété, les troubles du sommeil et d'autres conséquences physiques, voire de dépression[5]. Tout cela bien sûr ne saurait être sans conséquences sur l'engagement au travail comme en atteste le départ de nombreux citadins pour « changer de vie » nourrit par le besoin de trouver de nouveaux équilibres entre investissement professionnel et épanouissement personnel. Il n'y a qu'à observer le niveau critique des emplois pourvus à l'hôpital ou dans l'hôtellerie ou la restauration où le spectre de la « Grande Démission »[6] a eu un impact majeur. Ainsi, et pas seulement pour les nouveaux arrivants sur le marché du travail, **l'alignement des convictions personnelles et des valeurs de l'entreprise, le lien émotionnel au travail et le sentiment de contribuer à une aventure collective** sont plus que jamais au centre des réflexions et des transformations à opérer pour les équipes dirigeantes et les managers de proximité.

5. Giorgi G., Lecca L.I., Alessio F., Finstad G.L., Bondanini G., Lulli L.G., … & Mucci N. (2020), « Covid-19-related mental health effects in the workplace: a narrative review », *International journal of environmental research and public health*, 17(21), 7857.

6. Liu-Lastres B., Wen H., & Huang W. J. (2023), « A reflection on the Great Resignation in the hospitality and tourism industry », *International Journal of Contemporary Hospitality Management*, 35(1), 235-249.

Les trois piliers de l'engagement au travail

1. Orientation au travail

On peut assez logiquement considérer que l'état d'esprit (➤ Clé n° 1) et la manière d'appréhender son activité professionnelle, voire le travail de façon générale, auront un impact sur l'implication d'une personne dans sa formation initiale, le choix de son métier et par la suite son investissement dans son parcours professionnel. La recherche en la matière nous apprend que cette activité professionnelle peut être envisagée de trois façons différentes[7] :

LE TRAVAIL EST...	FINALITÉ	MOTIVATION(S)	ATTENTES	RELATION À L'EMPLOYEUR
Une nécessité	Gagner ma vie	Obtenir un salaire pour subvenir à mes besoins, ceux de ma famille et payer les loisirs	Travail est un moyen et non une fin. Les limites sont clairement établies entre privé et professionnel	Faible
Une compétition	Faire carrière	Prestige, succès... Possibilités d'ascension sociale	Titre, salaire, bonus... Plan de carrière bien défini	Fort tant que les « conditions sont remplies »
Une vocation	Accomplir une mission	Vivre pleinement son activité professionnelle en accord avec ses valeurs	Fort besoin de sens. Besoin de s'exprimer et de se réaliser	Très fort tant que les « conditions sont remplies »

7. Wrzesniewski A., McCauley C.R., Rozin P, and Schwartz B. (1997), « Jobs, careers, and callings: People's relations to their work », *Journal of Research in Personality*, 31, 21-33.

Remarque

Comme pour toute typologie, il est à noter bien sûr que l'on peut faire l'expérience de différentes orientations en fonction de l'âge, du contexte économique et social général, de la maturité, la raison d'être et la situation de l'organisation pour laquelle on travaille.

2. La satisfaction au travail : la Théorie de l'Autodétermination[8] (TAD)

Sûrement l'une des théories les plus validées en matière de recherche scientifique depuis plus de 20 ans, son principe postule que les êtres humains ont des tendances inhérentes à la croissance. Celle-ci se traduit par trois besoins psychologiques fondamentaux dont la satisfaction est essentielle à leur intégrité, leur épanouissement et leur bien-être :

➢ **Le besoin d'autonomie**

Il repose sur le sentiment d'être à l'origine de ses actions. Cela ne veut pas dire pour autant « agir seul ». Au contraire, l'autonomie ne s'exerce qu'en rapport aux autres pour s'affirmer et être reconnu dans ses décisions, qu'elles soient acceptées ou pas. Il ne s'agit pas ici de s'opposer mais plutôt d'être à même de faire ses choix et de les assumer[9]. Ainsi, être autonome n'est pas être individualiste !

➢ **Le besoin de compétence**

En stimulant le désir d'apprendre, la curiosité et la volonté de relever les défis, celui-ci correspond à un sentiment d'efficacité sur son environnement[10]. Là encore cependant, pour que le bien-être psychologique soit ressenti, l'efficacité doit être reconnue et confirmée par les autres pour que la compétence soit pleinement intégrée.

8. Ryan R.M., & Deci E.L. (2000), « Self-determination theory and the facilitation of intrinsic motivation, social development, and well-being », *American psychologist*, *55*(1), 68. Deci E.L., & Ryan R.M. (2008), « Facilitating optimal motivation and psychological well-being across life's domains », *Canadian psychology/Psychologie canadienne*, *49*(1), 14.

9. Deci E.L., & Ryan R.M. (1985), « The general causality orientations scale: Self-determination in personality », *Journal of research in personality*, *19*(2), 109-134.

10. White R.W. (1959), « Motivation reconsidered: the concept of competence », *Psychological review*, *66*(5), 297.

➢ Le besoin d'affiliation

Pour être satisfait, celui-ci nécessite que la personne ait la perception de l'affiliation (action d'associer ou d'être associé à un groupe) et qu'elle éprouve le sentiment d'être relié à des personnes qui sont importantes pour elle[11]. C'est ce besoin d'affiliation qui va plus particulièrement nourrir la recherche, l'établissement et le développement de relations positives au travail (➢ Clé n° 5).

Pour l'individu, chacun de ces trois besoins doit être comblé pour préserver sa santé psychologique et favoriser la persévérance dans l'effort, la créativité et plus globalement la performance optimale. On considère que ceux-ci sont universels et qu'ils exercent leur action quels que soient les domaines de l'activité humaine[12], les cultures[13] et le stade du développement psychologique[14].

À MÉDITER...

Indépendamment du salaire et du statut, plus ces trois besoins sont satisfaits dans le cadre professionnel, plus les salariés éprouvent de la satisfaction au travail, meilleure sont leur estime de soi et leur santé psychologique.

3. La motivation au travail

Le sujet de la motivation est inépuisable et en tant que tel, un objet de recherche et de débats scientifiques depuis les premiers pas de la philosophie en Grèce (400 av. J. C). Deux perspectives qui restent toujours d'actualité pour expliquer le pourquoi et le comment des comportements humains s'opposent alors :

11. Leary M.R., & Baumeister R.F. (2000), « The nature and function of self-esteem: Sociometer theory », *Advances in experimental social psychology* (vol. 32, p. 1-62), Academic Press.

12. Baard P.P. (2002), Intrinsic need satisfaction in organizations: A motivational basis of success in for-profit and not-for-profit settings. In E. L. Deci & R. M. Ryan (Eds.), *Handbook of self-determination research* (p. 255–275).

13. Deci E.L., Ryan R.M., Gagné M., Leone D.R., Usunov J., & Kornazheva B.P., (2001), « Need satisfaction, motivation, and well-being in the work organizations of a former eastern bloc country: A cross-cultural study of self-determination », *Personality and social psychology bulletin*, *27*(8), 930-942.

14. Ryan R.M., & La Guardia J.G. (2000), What is being optimized?: Self-determination theory and basic psychological needs. In S. H. Qualls & N. Abeles (Eds.), *Psychology and the aging revolution: How we adapt to longer life* (p. 145–172). American Psychological Association.

- L'hédonisme pour lequel « *le comportement de l'organisme est motivé par la recherche du plaisir et l'évitement de la douleur* » (Aristippe de Cyrène) ;
- le rationalisme selon lequel « *la raison est le déterminant premier du comportement humain* » (Platon, Aristote).

En définissant la forme d'organisation scientifique du travail (OST) à partir des années 1880, Frederick Winslow Taylor stimule les réflexions autour de ce tout ce qui peut améliorer l'efficacité et la productivité. Mais c'est avec les expériences menées à Hawthorne[15] entre 1927 et 1932 que le psychologue australien Elton Mayo donne une véritable accélération à la recherche sur la motivation dans le cadre professionnel avec la création de l'« école des relations humaines ».

Motivation extrinsèque et motivation intrinsèque au travail

Depuis lors, les travaux de recherche ont donné lieux à de nombreuses théories que par soucis de simplicité nous limiteront ici aux deux grandes typologies que sont les formes de motivation extrinsèque et intrinsèque :

➢ La motivation extrinsèque

Elle correspond à tous les facteurs de motivation qui trouvent leurs origines à l'extérieur de nous-mêmes et dont l'intérêt repose sur le résultat obtenu suite à une action : salaire, primes, avantages divers... Dans ce cas, nos comportements ne sont pas régis par nos propres désirs mais par les récompenses ou les sanctions externes. C'est une force externe qui exerce le contrôle et cela va à l'encontre de notre besoin d'autonomie.

➢ La motivation intrinsèque

Parce qu'elle repose sur la satisfaction de nos désirs internes ou intrinsèques, elle ne fait pas dépendre nos comportements d'éléments extérieurs et n'est pas imposée par autrui. Au contraire, elle nous amène à être le propre moteur de notre satisfaction et de notre épanouissement. Les facteurs de motivation intrinsèque peuvent inclure la curiosité, les nouveaux défis et le besoin de se surpasser. Une fois nos besoins fondamentaux satisfaits

15. Mayo E. (1949), « Hawthorne and the western electric company », *The social problems of an industrial civilisation*, 1-7.

(compétences, affiliation et autonomie), cette motivation intrinsèque nous amène à rechercher des activités et à consentir à des efforts qui nous permettent de nous réaliser pleinement en accord avec nos valeurs et en donnant du sens à nos actes (➤ Clé n° 6). Ainsi, « *la motivation intrinsèque est basée sur l'intérêt que revêt le comportement en lui-même, tandis que la motivation extrinsèque intégrée est basée sur le fait que la personne a pleinement intégré la valeur du comportement*[16] ».

LES EXPÉRIENCES D'HAWTHORNE (1924-1932)

Initialement, l'objet de l'étude consiste à mesurer l'impact des variations de lumière sur la productivité des ouvrières d'une usine de téléphones de la Western Electric Company près de Chicago. La première phase de la recherche révèle de façon surprenante que la productivité augmente pour tous les groupes étudiés, y compris ceux pour lesquels la variation de l'éclairage était censée être néfaste aux conditions de travail. La deuxième phase de recherche se concentre sur six ouvrières qui font l'objet d'une observation minutieuse de tous les aspects de leur comportement ainsi qu'à des entretiens réguliers menés par les expérimentateurs. Le résultat se traduit par une hausse constante de la productivité liée au fait que les ouvrières se sentent reconnues, distinguées, et qu'elles développent entre elles une complicité stimulante : six individus deviennent une équipe !

Finalement, la découverte de Mayo revient à remettre en question les fondements du taylorisme selon lequel l'ouvrier n'est qu'une paire de bras motivée par le seul intérêt économique, en lui reconnaissant une dimension psychologique. Plus que l'amélioration des conditions de travail matérielles, c'est la création d'un climat psychologique favorable qui est la source essentielle de la performance en favorisant la motivation, l'estime de soi et l'émulation. Avec cette révolution s'ouvre tout un nouveau champ de questions pour les psychologues du travail qui est plus que jamais d'actualité :

- De quoi est faite la motivation au travail ? La satisfaction ?
- Quelle influence ont les relations au travail, à l'intérieur des groupes et entre les différents groupes ?
- Peut-on mesurer, évaluer, modifier ces relations humaines ?
- Comment diriger correctement une équipe de travail ?
- Pourquoi les personnes résistent-elles au changement ?

16. Deci E.L., & Ryan R.M. (2008), « Facilitating optimal motivation and psychological well-being across life's domains » : Correction to Deci and Ryan (2008).

Et l'argent dans tout ça ?

Il ressort de l'étude « The Workforce View in Europe in 2018 », menée dans 8 pays européens, que si l'aspect financier de la motivation au travail reste primordial pour presque la moitié des répondants (47 %), 53 % d'entre eux évoquent en premier d'autres facteurs comme l'équilibre professionnel-personnel (22 %), ou les relations avec les collègues (21 %) par exemple. Ainsi, si l'argent s'avère bien sûr indispensable et efficace en matière de motivation au travail, la seule équation du « travail contre salaire » qui prédomine toujours dans bon nombre d'entreprises et concentre tous les débats, occulte trop souvent une réflexion plus large. De manière générale, ce qui sous-tend ce modèle repose sur le principe de la compétition et la rareté des ressources comme leviers moteurs de l'engagement et de la performance : compétition entre salariés, entre services, avec la concurrence... Outre le fait que, poussé trop loin, ce modèle génère souvent un climat plus propice aux risques psychosociaux[17] qu'à l'émergence de la Sécurité Psychologique (➢ Clé n° 5) et de l'Intelligence Collective, il ignore totalement certaines découvertes scientifiques pour préférer un *statu quo* qui semble finalement parfois convenir tant aux dirigeants qu'aux salariés :

- pour avoir des effets bénéfiques, une récompense matérielle n'atteint son objectif que si elle se manifeste dans une atmosphère où l'ouverture et l'encouragement renforce l'autonomie de la personne[18] ;
- aussi surprenant que cela puisse paraître, une récompense financière peut même diminuer la motivation car lorsque l'argent est utilisé comme récompense extérieure d'une activité, les sujets perdent leur motivation intrinsèque envers l'activité[19] ;
- selon le principe d'adaptation hédonique[20] (*cf.* : *hedonic treadmill*) les êtres humains ont tendance à revenir rapidement à un niveau de bonheur relativement stable en dépit d'événements positifs ou négatifs

17. Zawieja P., & Guarnieri F. (2014), *Dictionnaire des risques psychosociaux*, Seuil, p. 882.

18. Deci E.L., & Ryan R.M. (2008), « Facilitating optimal motivation and psychological well-being across life's domains », *Canadian psychology/Psychologie canadienne*, *49*(1), 14.

19. Deci E.L. (1971), « Effects of externally mediated rewards on intrinsic motivation », *Journal of personality and Social Psychology*, *18*(1), 105.

20. Brickman P. (1971), « Hedonic relativism and planning the good society », *Adaptation level theory*, 287-301, Chicago.

majeurs, voire de changements importants dans leur vie. Ainsi, lorsqu'une personne gagne plus d'argent, d'une part sa satisfaction est éphémère, et d'autre part ses attentes et ses désirs augmentent conjointement, ce qui n'entraîne aucun gain permanent de bien être ;

- au point dit de « satiété financière[21] » évalué entre 60 000 $ et 75 000 $ US, le revenu supplémentaire fournit peu ou pas de valeur additionnelle bénéfique pour les individus, voire même diminue le bien-être et la satisfaction de la vie par rapport aux conséquences psychologiques et contraintes qu'il génère.

CE QUE J'AI APPRIS DE L'EXPÉRIENCE

« Est-ce que c'était vraiment mieux… avant ? »

Confronté à la notion d'engagement en tant qu'enseignant à de jeunes étudiants ou, comme beaucoup de managers, à ces cohortes de stagiaires que l'essor de l'alternance a généré à vitesse accélérée, je me dis parfois que nous vivons vraiment dans des espace-temps différents. À l'ère de TikTok, du langage « de jeunes » et du « J'y ai droit », le respect des horaires, les formules de politesse et l'intérêt supérieur du collectif semblent laisser la place à une posture de « consommateur-zappeur » pour qui l'engagement est un concept pré-pharaonique. Et pourtant ? Ce qui ne laisse pas d'étonner avec l'âge ne résiste pas longtemps à l'examen de conscience.

21. Kahneman D., & Deaton A. (2010), « High income improves evaluation of life but not emotional well-being », *Proceedings of the national academy of sciences*, *107*(38), 16 489-16 493.

Étais-je « engagé » lorsqu'à 24 ans, je commençais ma carrière en vendant du shampoing, des sprays coiffants, de la coloration et de la permanente dans les salons de coiffure du Béarn ? À la réflexion, comme beaucoup, je « devais » rentrer dans la vie active et par un concours de circonstances, la promesse initiale d'un large choix promis après une école de commerce s'était matérialisée… par un job de VRP ! Plus tard, la vie au siège m'apprendrait qu'il était de bon ton d'arriver tôt et de partir tard, voire très tard… Ainsi, derniers mohicans d'un engagement hérité du « modèle de la loyauté »[22], l'engagement de ma génération était au départ plus souvent le fruit de la raison que celui du cœur. Tout s'obtenait sous condition : le dessert par exemple ne venait que si l'on avait bien mangé la soupe et le plat de résistance. Depuis lors les choses ont bien changé et vouloir commencer son repas par le dessert est devenu courant !

« Commence déjà par faire tes preuves et on verra après… »

Au temps jadis (pas non plus au Moyen Âge), il était d'abord demandé à l'employé (le « collaborateur » était toujours en gestation) de « faire ses preuves » pour espérer une récompense. Cela pouvait donc prendre un « certain temps » avant d'obtenir une augmentation et encore plus une promotion. Oui mais voilà : le circuit de récompense sur-stimulé de l'être humain du IIIe millénaire le conduit à rechercher avant tout la satisfaction et si possible en privilégiant une sensation de plaisir rapide et au moindre effort. Le « travaillez, prenez de la peine… » cher au laboureur de La Fontaine a pris du plomb dans l'aile mails il faut bien dire que certains en ont bien abusé. Ainsi, comme beaucoup, je constate que l'injonction ne fonctionne plus et qu'aujourd'hui l'heure n'est plus au « bonheur différé » mais au « tout, tout de suite » que prône la société du turbo capitalisme. Plus le temps d'attendre, le rapport à l'employeur s'est inversé, tout est transactionnel. En outre, soyons honnêtes, s'il est de bon ton de pointer les « jeunes » comme les porteurs

22. D'Iribarne P. (2015), La *logique de l'honneur. Gestion des entreprises et traditions nationales*, Média Diffusion.

d'un nouveau rapport au travail, les enquêtes régulièrement conduites sur le sujet démontrent que dans notre beau pays, ce sont toutes les classes d'âge qui recherchent de nouvelles raisons de s'engager…

« Et si le bruit de l'arbre qui tombe cachait (vraiment) celui de la forêt qui pousse ? »

Si pour les plus âgés, le chaos ambiant marque plutôt la fin d'un modèle d'autant plus idéalisé qu'il est « passé », pour les plus jeunes, ce sont les perspectives d'avenir qui nourrissent leur lot d'anxiété. Ce qui les rassemble ? Un sentiment d'impuissance face à la rapidité et la complexité d'une évolution dans laquelle l'être humain n'aurait plus « sa place », comme « déconnecté » (c'est un comble) de ses forces vitales et d'un besoin de transcendance. Une perspective plus appréciative et l'écoute attentive de ce qui s'exprime dans les sessions de coaching individuel et collectif a néanmoins pour ma part des vertus bénéfiques et porteuses d'espoir. En effet, en arrière-plan des émotions désagréables exprimées le plus souvent en début de session, apparaissent lorsque les conditions sont réunies, de fantastiques réservoirs et potentiels d'énergie qui ne demandent qu'à se mobiliser au service d'un futur désirable toujours exprimé en termes de plus de « bien et de bon ». Lorsque l'addiction au plaisir s'affadit, le temps est venu de retrouver la tension du désir, l'énergie d'imaginer et de créer le nouveau. Quelles que soient les difficultés qui s'annoncent, c'est cette aspiration à la transcendance qui me donne l'espoir que le pire n'est jamais sûr et que la vie a bien plus d'imagination que nous pour nous offrir de nouvelles perspectives d'évolution.

LES APPLICATIONS PRATIQUES EN ENVIRONNEMENT PROFESSIONNEL

 La personne au travail

Sans qu'il soit question de morale et encore moins d'injonction, l'expérience commune et le bon sens suffisent à nous convaincre que selon que l'on est engagé ou non dans notre travail, « l'expérience » que nous en faisons, le plaisir et les satisfactions que nous pouvons en attendre ne sauraient être les mêmes. Pour la plupart d'entre nous, le travail est ce qui nous prend le plus de temps dans nos vies et ce qui constitue notre source de revenu. Ainsi, quel que soit le niveau d'engagement que l'on y met, autant être au clair avec nous-même sur ce qui en fait ou non une expérience positive. Le travail doit présenter six caractéristiques[23] pour stimuler l'engagement de celui qui le réalise :

- La **variété et le défi** : pour connaître la satisfaction et le plaisir que procurent la mise en pratique de ses compétences et la résolution de problème, le travail doit être suffisamment exigeant et présenter de la variété ;
- L'**apprentissage continu** : pour stimuler le besoin de croissance personnelle, le travail doit offrir de nombreuses occasions d'apprendre de nouvelles choses ;
- **L'autonomie** : ce besoin fondamental se traduit par la capacité à prendre des initiatives et à être reconnu et valorisé pour cela ;
- La **reconnaissance et le soutien** : pour répondre un besoin fondamental d'affiliation, mon travail doit être reconnu et soutenu par les membres de l'organisation ;

23. Emery F.E., & Trist E.L. (1965), « The causal texture of organizational environments », *Human relations*, *18*(1), 21-32.

- Une **contribution sociale** qui donne du sens : le sentiment de contribuer à la société se traduit par la possibilité de relier l'exercice de mon activité avec ses conséquences sociales ;
- Un **futur désirable** : le travail doit nourrir mon espoir de me développer en tant que personne et de bâtir un avenir meilleur.

Pratique positive n° 18 : Stimuler mon engagement au travail

Le manager et l'équipe

Par sa capacité à fédérer ses collaborateurs autour d'une vision partagée porteuse de sens, à organiser le travail, à reconnaître les contributions de chacun(e) et à les faire « grandir », le manager de proximité a un rôle essentiel dans leur engagement ou leur désengagement. Selon l'institut Gallup :

- l'engagement est le facteur principal de la performance au travail ;
- 70 % de la variation de l'engagement est imputable aux managers ;
- 50 % des salariés ont quitté leur travail à un moment donné de leur carrière pour se libérer de leur manager[24].

Enfin, l'un des principaux enseignements que nous apporte l'enquête Gallup, est l'impact de la relation entre le manager et son collaborateur. En effet, les salariés les plus engagés répondent positivement aux affirmations suivantes : « *Je ressens que je peux échanger avec mon manager sur des sujets extra-professionnels* » et « *Je ressens que je peux aborder mon manager sur n'importe quel sujet* ».

Pratique positive n° 19 : Comprendre et nourrir la motivation intrinsèque de ses collaborateurs

24. State of the Global Workplace: 2021 Gallup Report.

L'organisation

Le leader d'une Organisation Positive sait que la transformation nécessaire commence par son engagement permanent à revisiter ses propres croyances et à se libérer de ses vieux modèles de pensée pour « ressentir et agir » de manière adéquate dans un écosystème en évolution constante. Très souvent, remettre en question les croyances classiques consiste à :

- ne plus considérer la performance économique comme seul critère de succès et dont les salariés ne constitueraient que de simples « ressources humaines » nécessaires à cette seule finalité ;
- accepter que l'autorité ne soit plus l'apanage d'une seule personne, aussi brillante soit-elle ou encore d'un Codir d'élus et qu'elle ne s'impose plus seulement d'en haut à « ceux et celles qui font »...en bas ;
- admettre que la transformation organisationnelle ne se décrète pas plus qu'elle ne s'impose sous peine de sérieuses déconvenues ;
- intégrer la dimension émotionnelle comme une source d'énergie inépuisable pour garder l'organisation vivante et attractive ;
- faire le pari de la confiance comme pierre angulaire de la responsabilisation et de l'autonomie.

Si tout commence avec lui, le leader de l'Organisation Positive sait qu'il ne peut rien faire sans mobiliser la créativité et susciter la volonté de chacun de contribuer à son niveau à l'émergence une nouvelle forme organisationnelle plus agile, plus résiliente et où la recherche de performance s'accompagne d'une attention symétrique au bien-être des collaborateurs.

Pratique positive n° 20 : Créer une Vision partagée à partir de la matrice SOAR

LES QUESTIONS DU COACH APPRÉCIATIF

- Qu'est-ce qui nourrit stimule et nourrit votre engagement au travail ?
- Comment savez-vous que vous êtes engagé dans votre activité professionnelle ?
- Quelles sont vos motivations ?
- Éprouvez-vous régulièrement la sensation de Flow ?
- Qu'est-ce qui chez vous provoque le désengagement ?
- Comment ce désengagement se traduit-il pour vous ?
- À quoi ressemble votre équipe lorsqu'elle est engagée/désengagée ?
- Quels sont les sujets sur lesquels vous constatez que vos collaborateurs sont « vraiment » engagés ?
- Qu'est-ce qui est créateur d'engagement dans votre organisation ?
- Sur quels critères évalue-t-on l'engagement des collaborateurs ?
- L'engagement est-il reconnu et valorisé et si oui comment ?

CLÉ N° 5

Créer et nourrir des relations saines et constructives

« La grandeur d'un métier est peut-être, avant tout, d'unir des hommes : il n'est qu'un luxe véritable, et c'est celui des relations humaines. »

Antoine de Saint-Exupéry

En quelques mots…

On a tellement focalisé sur les « ressources » que l'on en a oublié les « relations »…Comme si les compétences pouvaient être déconnectées de l'Intelligence Sociale et du plaisir de « faire et de réussir ensemble »… La sphère professionnelle est un espace social où les échanges, la construction de soi et la reconnaissance de ceux avec lesquels on travaille sont des facteurs fondamentaux de l'épanouissement et de la performance. Pour les sociologues C. Baudelot et M. Gollac « *la source la plus fréquente de plaisir au travail provient du contact, de la rencontre et de la relation à autrui.* ». En plaçant les relations comme lieu de construction du monde, le constructionisme social nous invite à penser que nous créons du sens par nos activités collaboratives.

Ainsi, dans l'Organisation Positive, on considère que la qualité des relations, comme nombre d'études le démontrent d'ailleurs, a un impact significatif sur la performance individuelle et collective. Qu'il s'agisse des relations dans l'ensemble de l'organisation, de personne à personne, au sein des équipes, entre départements, de collaborateurs à hiérarchiques ou encore à l'égard des clients, des divers partenaires et fournisseurs, celles-ci sont génératrices d'émotions, donc de l'« énergie vitale » qui fait vivre tout l'écosystème.

Les leaders de l'Organisation Positive attachent une très grande attention à l'état des « relations sociales » car ils savent qu'elles sont les sources inestimables de sa vitalité, sa résilience et sa créativité pour faire face à l'incertain, celles-ci peuvent être créées et développées de diverses manières, aussi bien par des rituels et des habitudes de réciprocités et d'appréciation que par des rencontres informelles.

CE QUE NOUS DIT LA RECHERCHE

De manière générale, être en relation avec les autres est au cœur de ce qui fait de l'homme un « animal social ». C'est particulièrement vrai au travail où nous passons 35 heures ou plus par semaine et cela pour la plupart d'entre nous pendant des dizaines d'années... La sphère professionnelle est un espace social où les échanges, la construction de soi et la reconnaissance de ceux avec lesquels on travaille sont des facteurs fondamentaux de l'épanouissement et de la performance. L'expérience de pauvres ou mauvaises relations au travail nourrit des sensations et des sentiments qui peuvent nous amener à nous sentir diminués, frustrés, démotivés, démoralisés, non respectés, voire maltraités, et cela peut entraîner des comportements agressifs ou désespérés[1]. Depuis des années, les enquêtes se suivent pour alerter sur le phénomène de l'isolement au travail et des sensations et émotions qui l'accompagnent (tristesse, colère, amertume, honte, culpabilité...) ; isolement et solitude qui sont des précurseurs de risques psychosociaux[2]. En outre, comme le sentiment de solitude est un « construit relationnel », il n'impacte pas seulement ce que la personne ressent vis-à-vis d'elle-même mais aussi ce qu'elle ressent à l'égard et de la part des autres et les comportements qui en découlent[3]. Si rien n'est fait, la sensation de mal-être se renforce avec le temps et un salarié qui se sent seul va généralement se tenir à l'écart, se couper encore plus des autres et par là même, aggraver son isolement. Avec la crise sanitaire du

1. Lewis S. (2011), *Positive psychology at work: How positive leadership and appreciative inquiry create inspiring organizations*, John Wiley & Sons.

2. Marc J., Grosjean V., & Marsella M.C. (2011), « Dynamique cognitive et risques psychosociaux : isolement et sentiment d'isolement au travail », *Le travail humain*, *74*(2), 107-130.

3. Cacioppo J.T., & Hawkley L.C. (2009), « Perceived social isolation and cognition », *Trends in cognitive sciences*, *13*(10), 447-454.

Covid-19 et l'hyper connexion que le télétravail a engendrée, ce sont près de 40 % des travailleurs qui déclarent « se sentir seuls »[4]. La baisse de la motivation, de la confiance en soi, du niveau d'engagement et de bien-être, l'augmentation des troubles anxieux et des dépressions : autant d'impacts directs du sentiment de solitude sur l'ensemble de l'organisation.

Nourrir le besoin d'affiliation sociale

Selon la Théorie de l'autodétermination[5], **le besoin d'affiliation sociale est le troisième besoin identifié par la recherche avec le besoin d'autonomie et le besoin de compétence**, pour favoriser un fonctionnement optimal de la personne. Celui-ci repose sur la nécessité d'entretenir des relations interpersonnelles mutuellement satisfaisantes. Lorsqu'on éprouve la sensation de prendre soin des autres et que cette attention est mutuelle, on ressent un sentiment de confiance, d'harmonie et de réciprocité[6]. Toutes les études convergent sur le fait que tous les besoins psychologiques fondamentaux et universels de l'être humain doivent être satisfaits tout le temps et partout sous peine de générer de la frustration, du stress et du mal-être. Contrairement à ce que l'on pourrait penser, le manque de satisfaction de son besoin d'affiliation sociale au travail ne saurait être compensé dans la sphère privée. « *Si nous prenons l'analogie d'une plante, il n'est pas possible pour celle-ci de passer 40 heures par semaine dans une armoire sans soleil et ensuite pouvoir "compenser" ce besoin de lumière naturelle d'une quelconque façon*[7]. »

4. Source Étude ANACT réalisée du 8 avril au 10 mai 2020, la précédente consultation du Réseau Anact-Aract sur le télétravail.

5. Ryan R.M., & Deci E.L. (2000), « The darker and brighter sides of human existence: Basic psychological needs as a unifying concept », *Psychological inquiry*, *11*(4), 319-338.

6. Baumeister R.F., & Leary M.R. (1995), « The need to belong: desire for interpersonal attachments as a fundamental human motivation », *Psychological bulletin*, *117*(3), 497.

7. Forest J., Gagne M., Fernet C., Gillet N., Parenteau C., Landry A.T. & Crevier-Braud L. (2013), « L'argent achète-t-il le bonheur et la performance ? Une perspective selon la théorie de l'autodétermination », *Psychologie positive en environnement professionnel*, 329.

À MÉDITER…

Réseaux virtuels et besoin d'affiliation

Nous consacrons toujours plus de temps à élargir et cultiver nos réseaux sociaux mais finalement en quoi cela nous rend-il plus heureux ? Des chercheurs ont récemment vérifié à quel point les gens préféreraient doubler leur réseau d'amis réels ou doubler la taille de leur réseau en ligne. La plupart d'entre eux ont choisi d'élargir leurs cercles dans la vie réelle ! Doubler notre cercle intime, de 2 à 4 amis proches par exemple, permet d'obtenir un score supérieur d'environ 50 % à un questionnaire subjectif sur le bien-être. En comparaison, l'expansion des amis numériques n'a pratiquement aucun effet.

Helliwell J.F., & Huang H. (2013).
Comparing the happiness effects of real and on-line friends.
PloS one, 8(9), e72754.

Cultiver le Soutien social comme facteur et mesure de la cohésion sociale et de la résilience au travail

Du point de vue sociologique, **le Soutien social est le réseau sur lequel la personne peut s'appuyer en cas de besoin**. Du point de vue psychologique, **il fait référence à la disponibilité et à la qualité des « relations aidantes »**. Concrètement en environnement professionnel, il se traduit par le soutien de la hiérarchie, des pairs et du réseau, cela en vue de diminuer et/ou de mieux répartir la charge de travail. La nature de celui-ci, *a fortiori* dans un contexte difficile où l'incertitude et le stress prédominent, joue un rôle positif sur la santé mentale et physique des individus[8]. De nombreuses études identifient les pairs comme les premières ressources dans la résolution de problème et le premier facteur de satisfaction au travail. Dans une culture d'entreprise

8. Shankland R. (2019), *La Psychologie Positive, 3e éd.*, Dunod.

saine qui cherche à allier épanouissement et performance optimale de ses collaborateurs, la présence et l'intensité du Soutien social est essentielle.

À l'heure où l'on parle beaucoup de la résilience comme d'une ressource à développer en environnement professionnel, il est a noté que celle-ci n'est jamais un effort seulement solitaire. Ainsi, si rebondir après une crise dépend en partie de nos ressources individuelles, de nos prédispositions naturelles et de notre état d'esprit, les liens avec les autres et la qualité de leur soutien sont essentiels pour renforcer notre résilience. Enfin, le Soutien social, en ce qu'il nous encourage à nous concentrer sur nos forces (➢ Clé n° 2), est un amortisseur pour la maladie mentale et la réponse au stress. Pour cela, deux conditions doivent être réunies :

- que la personne puisse pleinement partager son vécu en exprimant ses préoccupations quant au passé et au présent, ainsi que ses inquiétudes par rapport au futur car « *ce processus de narration lui apportera un soutien et une motivation supplémentaire dans sa lutte pour le dépassement du trauma et, par conséquent, dans l'intégration de nouvelles perspectives de vie*[9] » ;
- que les proches impliqués répondent de manière suffisamment efficace à ses besoins, pour que le partage de ses émotions et de son vécu renforce ses liens et l'amène à se recentrer sur des valeurs liées à la dimension de la relation (bienveillance, partage, confiance…)[10].

Créer et diffuser la Sécurité Psychologique, une condition indispensable pour performer et innover

Dès les années 1960, Schein et Bennis, professeurs au MIT, évoquent le besoin de Sécurité Psychologique pour aider les gens à faire face à l'incertitude et l'anxiété liées aux changements organisationnels. Mais

9. Martin LL., & Tesser, A. (1996), « Some ruminative thoughts », *Advances in social cognition*, 9(1996), 1-47.

10. Barrow S.M., Herman D.B., Cordova P., & Struening E.L. (1999), « Mortality among homeless shelter residents in New York City », *American journal of public health*, 89(4), 529-534.

c'est 2015, et en partie grâce à une expérience menée par Google, que la recherche en la matière reçoit avec Amy Edmondson, chercheuse de la Harvard Business School, une véritable reconnaissance dans le monde du travail[11]. Considérée aujourd'hui comme le facteur crucial pour favoriser l'innovation et l'engagement au sein des organisations, la Sécurité Psychologique se définit en ces termes : « *Il s'agit d'un climat interpersonnel particulier.* ***L'individu a le sentiment qu'il peut parler librement à ses équipiers ou à son patron sans perdre la face, sans être considéré comme incompétent, sans être gêné.*** *Cela n'a rien d'évident. Si nous ne sommes pas sûrs d'avoir agi correctement ou si nous doutons d'un acte posé par un collègue ou par notre supérieur hiérarchique, nous ne sommes pas enclins à nous exprimer spontanément sur le sujet. Beaucoup de choses sont en jeu : notre collaboration avec les autres, la perception qu'ils ont de notre expertise, notre ego qui risque d'en prendre un coup*[12]... » Ainsi, le niveau de Sécurité Psychologique ressenti dans une équipe comme au niveau de l'organisation dans son ensemble est déjà, et sera sûrement un avantage compétitif majeur à l'avenir pour les raisons suivantes :

- on passe 50 % de temps de plus qu'il y a 20 ans en mode collaboratif pour créer, produire et délivrer des services bien sûr, mais aussi des produits toujours plus sophistiqués[13] ;
- pour les DRH comme pour les cadres opérationnels, l'enjeu aujourd'hui n'est pas tant de recruter les meilleurs et les plus motivés que d'arriver à les faire « travailler ensemble » ;
- plus l'environnement est compétitif et incertain, plus la réussite individuelle et collective nécessite de s'adapter et d'innover toujours mieux et plus vite que les autres ;
- comme de nombreuses recherches en Neuroscience nous l'apprennent, en activant l'amygdale qui nous sert à détecter les dangers, la peur inhibe l'apprentissage, la créativité, la coopération et la résolution de problème.

11. Edmondson A.C. (2018), *The fearless organization: Creating psychological safety in the workplace for learning, innovation, and growth*, John Wiley & Sons.

12. *Ibid.*

13. Villinski A.P. (2016), « Collaborative overload », *Harvard Business Review*.

À MÉDITER…

Les chercheurs de Google ont trouvé que les membres d'équipes avec une Sécurité Psychologique élevée sont moins susceptibles de quitter Google, ils sont plus susceptibles d'exploiter la puissance des idées de leurs coéquipiers, ils apportent plus de revenus et ils sont jugés deux fois plus efficaces par les dirigeants.

Source : re:work

Développer l'appétence et les aptitudes à la coopération

Contrairement à l'idée reçue et bien ancrée selon laquelle la compétition serait l'alpha et l'oméga de la vie et du monde des affaires, les études sur le fonctionnement optimal en collectif pour atteindre la performance nous enseignent que :

- les salariés excellents sont plus coopératifs[14] ;
- les équipes coopératives sont plus performantes que les équipes compétitives[15] ;
- la direction générale a un rôle majeur dans la création et le développement d'une culture d'entreprise fondée sur la coopération[16].

Ainsi, **l'orientation vers la coopération est associée à un degré supérieur de bien-être et d'efficacité pour faire face à un environnement toujours plus complexe**. La Psychologie Positive s'est ainsi intéressée aux facteurs favorisant les comportements d'entraide et une vision positive du travail collaboratif et de la solidarité à travers la notion d'interdépendance

14. Sonnentag S. (2000), « Excellent performance: The role of communication and cooperation processes », *Applied Psychology*, 49(3), 483-497.

15. Blau P.M. (1954), « Co-operation and competition in a bureaucracy », *American Journal of Sociology*, 59(6), 530-535.

16. Six F., & Sorge A. (2008), « Creating a high-trust organization: An exploration into organizational policies that stimulate interpersonal trust building », *Journal of Management Studies*, 45(5), 857-884.

positive[17]. Parmi les déterminants qui favorisent ces comportements, la gratitude apparaît au premier plan. Elle est considérée comme l'émotion prosociale par excellence, c'est-à-dire qu'elle encourage la création de liens sociaux, permet de cultiver les relations durables et augmente les comportements altruistes[18].

Les personnes qui cultivent ces attitudes envers l'existence se disent alors plus heureuses que celles qui n'expriment pas leur gratitude, se sentent proches des autres, ont une bonne estime d'elles-mêmes et la sensation que leur vie a du sens. Car le fait d'exprimer sa gratitude non seulement donne à l'autre un sentiment de reconnaissance et d'utilité sociale, mais il contribue également à donner du sens à sa propre vie.

Accueillir et gérer les conflits

Qu'il soit d'ordre cognitif (relatif à la tâche) ou affectif (relationnel), le conflit est par nature une modalité des relations humaines qui a toutes les raisons de « se jouer » au travail avec sa hiérarchie, ses pairs, ses prestataires, ses clients… La plupart du temps, le conflit a des répercussions négatives. Au niveau individuel, il touche à l'estime de soi et la confiance en soi, voire à l'identité ; au niveau collectif, il impacte la capacité à coopérer, résoudre des problèmes, faire preuve de créativité et innover[19]. Les conflits cognitifs peuvent en général se régler de façon « raisonnable ». La difficulté tient à ce qu'ils se transforment souvent en conflits de personnes où les émotions sont au cœur de l'interaction. Un travail est alors nécessaire pour que ce qui apparaît souvent en premier lieu, par exemple la colère, puisse être « mis en mots » pour que s'expriment et soient entendus d'autres émotions et sentiments comme la tristesse, la déception, la frustration, la peur, la culpabilité… Autant de ressentis humains qui peuvent alors se transformer

17. Bouffard L. (2020), Shankland R. et André C. (2020), « Ces liens qui nous font vivre. Éloge de l'interdépendance », Odile Jacob, *Revue québécoise de psychologie*, 41(2), 159-161.

18. Algoe S.B. (2012), « Find, remind, and bind: The functions of gratitude in everyday relationships », *Social and Personality Psychology Compass*, 6(6), 455-469.

19. De Wit F.R., Greer L.L., & Jehn K.A. (2012), « The paradox of intragroup conflict: a meta-analysis », *Journal of applied psychology*, 97(2), 360.

en « énergies positives et constructives » si les conditions sont réunies pour que l'empathie, la bienveillance et l'altruisme permettent de transcender le conflit pour en ressortir plus forts ensemble.

Encourager et apprécier les bénéfices de la diversité

Les organisations sont par essence un creuset où se jouent toutes sortes d'interactions interculturelles et de diversités possibles[20]. De dimension internationale ou non, l'organisation d'aujourd'hui est un assemblage sans cesse en renouvellement de cultures, ethnies, générations, genres, orientations sexuelles, origines sociales, religions, niveaux d'études, compétences... La gestion de l'interculturel est un enjeu stratégique pour tirer le meilleur profit des différences culturelles comme source d'avantage compétitif et cela pour de nombreuses raisons :

- les membres des groupes multiculturels émettent plus d'idées, examinent plus d'options et suggèrent plus de solutions[21] ;
- les idées des groupes multiculturels sont plus créatives que celles des groupes homogènes[22] ;
- les équipes multiculturelles permettent d'éviter le monolithisme ou autrement dit, la « pensée de groupe[23] ». Celle-ci a pour conséquence que, cédant à la pression interne du groupe, ses membres se rallient rapidement à une même idée limitant ainsi la prise en compte de plusieurs idées ou solutions par souci de trouver l'unanimité au sein du groupe ;
- plus un groupe est hétérogène, moins grande est sa cohésion et moins probable est le phénomène de « pensée de groupe[24] ».

20. Arredondo P. (1996), *Successful diversity management initiatives: A blueprint for planning and implementation*, Sage.

21. Hoffman L.R., Burke R.J., & Maier N.R. (1965), « Participation, influence, and satisfaction among members of problem-solving groups », *Psychological Reports*, *16*(2), 661-667.

22. *Ibid.*

23. Adler N.J. (1994), *Comportement organisationnel : une approche multiculturelle*, Les éditions Reynald Goulet.

24. Cox T. (1993), *Cutltural diversity in organizations: Theory, research and practice*, Berrett-Koehler Publishers.

CE QUE J'AI APPRIS DE L'EXPÉRIENCE

« Entretenir des bonnes relations au travail, mais vous n'y pensez pas… »

Que cela soit en tant que membre d'une équipe, plus tard en tant que manager et *a fortiori* en tant que coach appréciatif, il m'a toujours semblé plus agréable et plus performant de travailler en « bonne intelligence » qu'en perpétuelle tension. Cela étant dit, le principe de réalité veut que l'on s'accorde plus ou moins bien avec les uns et les autres et cela surtout lorsqu'il y a du pouvoir, du stress ou de l'argent à partager. C'est peu dire que beaucoup d'environnements de travail sont encore dominés par la prééminence (souhaitée ou non) des dissensions et des ressentiments. Certains managers s'en délectent et considèrent qu'une bonne ambiance est le symptôme du laxisme et d'un manque de conscience professionnelle. S'il y a bien sûr, comme toujours, des exceptions à la règle, j'observe que si une « bonne entente » ne suffit pas assurer la performance collective, l'absence de relations ou de mauvaises relations au sein d'un groupe vont rarement de pair avec une performance collective durable.

« Seul on va plus vite, ensemble on va plus loin… »

Un travail de thérapie sur le sujet m'aurait certainement appris que mon besoin de créer ou d'accompagner des collectifs à « haute connexion relationnelle » trouvait son origine dans une famille que j'aurais souhaitée plus harmonieuse et unie. De nombreuses années de sport collectif furent aussi l'occasion de découvrir très tôt les joies ineffables de partager les victoires, mais aussi la solidarité et la force d'un collectif qui se forge dans les défaites. Aussi, si le rôle de manager de proximité est parfois ingrat et difficile, il est une chose de mon point de vue qui en fait tout le prix et la satisfaction : « créer des relations » entre des personnes diverses par leurs origines, leur personnalité, leurs aspirations... Faisant l'expérience d'une intervention en Psychologie Positive consistant à exprimer sa gratitude, j'ai appelé après des années des personnes (managers ou non) qui ont joué un rôle dans mon parcours professionnel. Qu'elles soient à la retraite depuis longtemps ou encore en activité, le point commun de nos échanges au-delà des remerciements, a consisté systématiquement à se rappeler de moments et de situations bien sûr, mais a surtout été l'occasion de constater que finalement, ce qui restait dans les têtes et dans les cœurs, c'était les « relations humaines » !

« Avec plus de complexité, plus de relations ; avec plus de relations, plus d'interactions... »

Face aux doux rêveurs que seraient les « humanistes », ceux qui se targuent de « pragmatisme » au nom de l'efficacité et du résultat, sont moins enclins à accorder de l'importance à l'état des relations au sein d'un collectif. Ce dont j'ai fait l'expérience depuis mon entrée dans la vie active à la fin des années 1980 est plutôt marqué par l'obsession de l'atteinte d'une performance maximale : toujours plus, toujours plus vite... et sans limite ! Sans prôner le retour à une forme d'âge de pierre idéalisée que d'aucuns souhaitent, l'heure est venue de rechercher l'efficience ou la « performance optimale » et cela passe par davantage de collaboration et de coopération. Autant dire, d'attention aux « relations » entre toutes les parties prenantes de systèmes toujours plus complexes qui requièrent plus de liens et d'interactions de qualité. Dans ce nouveau paradigme, il est vital pour tout collectif, quelle que soit sa taille, de favoriser la fluidité et la rapidité avec laquelle l'information circule, pour prendre les bonnes décisions et s'ajuster au mieux à l'évolution des circonstances extérieures.

« Alors comme ça dans le monde des Bisounours au travail, tout le monde s'aime ? »

Dans un environnement où le drame, la peur et le négatif sont la norme, il faut être sûrement un peu « déviant » pour défendre, ne serait-ce que la possibilité que les choses puissent aussi « aller bien »... Ainsi, si statistiquement les feux sont rouges une fois sur deux seulement, pour certains (et ils sont nombreux), que les feux puissent même passer au vert est une pure vision d'un esprit au mieux idéaliste, au pire complètement dérangé. Dans ce registre, la critique (facile) du « réaliste » ou du « cynique » consiste à caricaturer le « positif » comme s'il était une lubie, une pure illusion bien loin de la plus sérieuse et triste réalité. Dans tout groupe, on va trouver des « polarités » que l'on peut voir soit comme des trous noirs qui absorbent de l'énergie ou au contraire des pôles sources d'énergie positive, à condition que celle-ci puisse s'exprimer. Aussi, il m'apparaît que favoriser les « bonnes relations » dans l'organisation ne veut pas dire non plus s'imaginer un quotidien professionnel exempt de tout conflit d'intérêts ou de personnes. Il ne s'agit donc pas d'éviter les conflits à tout prix, mais plutôt d'apprendre à en « tirer le meilleur » pour un fonctionnement optimal tant sur le plan individuel que collectif. Pas de grandes équipes sans conflits !

LES APPLICATIONS PRATIQUES EN ENVIRONNEMENT PROFESSIONNEL

La personne au travail

La plupart d'entre nous ont eu l'occasion de faire l'expérience de la fragilité psychologique, émotionnelle, voire physique provoquée par le sentiment d'isolement à certains moments de notre parcours professionnel. Que cela soit par rapport à notre supérieur hiérarchique, à nos pairs ou à l'ensemble de l'organisation, cette sensation de ne « pas/plus en être » est difficile à vivre. Si elle n'est pas vite identifiée et « mise en travail », elle peut avoir de nombreuses conséquences négatives : mal être, perte de sens, manque de motivation, moindre performance, impact sur la santé physique et mentale... Le travail est, pour beaucoup, le lieu où l'on a le plus d'occasions de rentrer en relation et cela pour le meilleur et parfois pour le pire. Pour ce qui dépend de nous, la Psychologie Positive nous propose de nombreux outils et pratiques pour créer et nourrir des relations saines et constructives avec les autres. Construire et cultiver des relations saines au travail consiste tout d'abord à identifier, utiliser et développer ses Forces de caractère (➤ Clé n° 2). Outre le fait qu'elles constituent le socle de la confiance et de l'estime de soi, elles favorisent une communication authentique et une meilleure aptitude à « trouver sa place » et à apporter sa contribution à la performance collective.

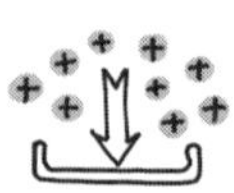

Pratique positive n° 21 : Développer une « orientation reconnaissante » en exprimant de la gratitude

Pratique positive n° 22 : Identifier et développer son « réseau personnel de ressources humaines »

Le manager et l'équipe

En dehors de la hiérarchie, une dynamique d'équipe recèle une dimension informelle à travers les multiples et diverses natures de relations qu'elle génère. Elle fait émerger des phénomènes de leadership, des relations de compétition, de conflit ou au contraire des comportements fondés sur la coopération et la solidarité. En son sein, le collaborateur est un être social qui a besoin de ressentir un sentiment d'appartenance au groupe et d'entretenir des relations satisfaisantes avec ses pairs et avec l'encadrement. Sur le plan des relations interpersonnelles, connaître bien sûr les Forces de caractère de chacun de ses collaborateurs, ainsi que leurs valeurs individuelles et leurs sources de motivations intrinsèques, permettent de créer et cultiver une relation hiérarchique fondée sur un bon climat relationnel.

Le besoin de « bonnes relations » et de collectif comme élément principal de la bonne ambiance sur le lieu de travail

	TOUS LES ACTIFS	LES 18-24 ANS
Une hiérarchie ouverte au dialogue et bienveillante	42 %	33 %
Des moments de convivialité organisés pour tous les salariés	31 %	34 %
Travailler le plus possible sur la réalisation de projets en équipe	20 %	24 %
Des séminaires réguliers avec des activités originales pour renforcer l'esprit d'équipe	7 %	9 %

Source : enquête IFOP – Monster (2017) menée auprès d'un échantillon de 1 004 personnes représentatives de la population active française.

Depuis quelques années maintenant, le rôle du manager de proximité est au cœur de toutes les attentions et préoccupations de par sa contribution majeure à ce que la « Grande Stratégie », développée dans les organes de directions générales, soit bien exécutée au moment de son atterrissage sur le terrain. Dans un contexte de tension et de réorganisation permanente, sa capacité à absorber le stress ou au contraire à l'amplifier auprès de ses collaborateurs est un critère de plus en plus pris en compte dans le cadre de l'attention portée aux risques psychosociaux (RPS). Comme nous l'avons vu plus avant, l'une des découvertes majeures des recherches en Psychologie Positive, s'est traduite par la remise en question de la croyance qui a prévalu pendant longtemps, à savoir que la performance était la source de la réussite et de l'épanouissement ! C'est donc assez récemment que l'on a découvert ce que le bon sens de certains leur avait suggéré depuis longtemps : c'est bien parce que l'on est « bien dans sa peau », confiant en soi et dans ses ressources que l'on a le plus de chance de performer et non l'inverse[25]. Si l'on y ajoute que la première source d'insatisfaction au travail tient à la mauvaise relation avec son supérieur hiérarchique, notre personnalité, nos compétences mais surtout notre Intelligence Sociale et Émotionnelle alliées à une grande capacité à communiquer de façon claire sont des qualités précieuses pour créer un environnement professionnel propice à l'épanouissement et à la performance.

À MÉDITER...

- **79,4 %** des collaborateurs estiment que leur manager direct devrait être évalué sur le niveau de bien-être de son équipe
- **99 %** estiment que le bien-être au travail leur permet d'être plus efficaces dans l'exercice de leur fonction
- **Reconnaissance**, **Confiance**, **Autonomie**, **Écoute** et **respect** sont les **5 mots les plus cités** pour définir le Bien-Être au travail

Étude réalisée par Comundi et L'Entreprise (2012)

25. Achor S. (2011), *The happiness advantage: The seven principles of positive psychology that fuel success and performance at work*, Random House.

Créer des relations et des connexions humaines à haute intensité

L'avènement des nouvelles organisations et modes collaboratifs qu'ont amené les géants de la Tech, le principe d'effectuation du modèle start-up initial (avant la levée de fonds) et l'accélération du télétravail qu'a provoqué la crise sanitaire depuis mars 2020, ont bouleversé « l'équipe de travail » du monde d'avant. Aujourd'hui, et la tendance semble plutôt s'amplifier quel que soit le secteur d'activité, plusieurs facteurs font plus que jamais de l'équipe un « organisme protéiforme » :

- des objectifs plus ou moins définis en amont ;
- une durée de vie de plus ou moins longue en fonction des projets à mener ;
- une localisation qui n'est plus autant définie par des contraintes spatiale ou géographique ;
- une composition à partir de divers profils, générations, compétences, cultures… ;
- un mode collaboratif hybride et asynchrone ;
- un leadership plus ou moins partagé.

Dans l'Organisation Positive, le manager de proximité joue un rôle essentiel en tant que catalyseur des relations et des connexions humaines du collectif dont il doit tirer le meilleur dans la juste exigence et le respect du potentiel de chacun. Vecteur essentiel de la mise en pratique et de l'adéquation entre les valeurs prônées par l'organisation et leur cohérence avec l'expérience collaborateur au quotidien, il doit être en mesure (savoir, pouvoir, vouloir) à son niveau de :

- donner du sens ;
- révéler et associer les forces et les compétences de chacun ;
- fédérer les personnalités au service du projet et de la performance du collectif ;
- faciliter l'émergence d'une Intelligence Collective ;
- animer « une communauté » allant au-delà de son équipe *stricto sensu* ;
- démontrer et encourager un « État d'esprit de développement » propre à développer l'apprenance collective (➢ Clé n° 1).

L'innovation et la performance dépendent essentiellement de la capacité des équipes, voire des organisations dans leur ensemble à favoriser les « comportements apprenants » tant sur le plan individuel que collectif (➢ Clé n° 8). Cette capacité d'« apprendre à apprendre en collectif » repose pour beaucoup sur la qualité des relations inter personnelles. La « stabilité de ces relations » permet d'initier et de nourrir un cercle vertueux d'apprentissage et de performance renforçant ainsi à son tour ces mêmes relations. Définies par la chercheuse Jane Dutton, les « connections de Haute Qualité » reposent sur cinq caractéristiques :

1. **Capacité à supporter les variations émotionnelles**

   La relation autorise la communication de toute la palette des émotions des plus agréables aux plus désagréables pour les personnes concernées sans qu'elles aient à en subir des conséquences interpersonnelles négatives (colère, gêne, honte...).

2. **Élasticité**

   La relation a la capacité à supporter et surmonter les tensions, conflits et autres circonstances qui rompent l'harmonie : le lien entre personnes reste fort malgré les différends, désaccords, voire conflits.

3. **Connectivité**

   Un haut degré de connectivité entre les personnes est présent. En diminuant les réactions d'autodéfense, la capacité à donner et recevoir du feedback laisse moins de place à la peur d'altérer son image ou son statut. Elle encourage la prise de parole sur des sujets difficiles et dans des situations délicates.

4. **Regard positif (bienveillance)**

   Il se traduit par le sentiment qu'a la personne de « se sentir acceptée » tant avec ses forces qu'avec ses manques et ses travers. Elle ressent qu'il est possible de s'exprimer sur ses difficultés et ses doutes dans son travail sans que cela ne génère conséquences négatives.

5. **Mutualité**

   Elle ne caractérise pas les individus mais la relation en elle-même car elle nécessite de démontrer de l'empathie à l'égard de l'autre et la volonté de réguler ses propres besoins pour répondre à ceux des autres. Ainsi, les deux parties doivent s'accorder pour mettre leurs forces et leurs ressources au service de la relation et cela de façon équitable[26].

Nourrir le besoin de Sécurité Psychologique pour favoriser l'expression de l'Intelligence Collective

La Sécurité Psychologique fait référence à la « *perception qu'un individu a des conséquences de la prise de risque interpersonnel* *ou la conviction qu'une équipe est suffisamment "sûre" pour prendre des risques sans être considéré comme ignorant, incompétent, négatif ou perturbateur*[27] ». Ce que d'aucuns pouvaient considérer comme théorique prend une tournure très pratique lorsqu'en 2012, Google partage les résultats de son étude Aristote impliquant 180 équipes de par le monde[28]. L'objectif initial consistait à identifier les facteurs permettant de construire « l'équipe parfaite ». Contrairement à la croyance dominante jusqu'alors qu'il s'agissait de rassembler les meilleurs employés sur la base de leurs affinités, il apparaît que les équipes les plus performantes s'illustrent avant tout par trois caractéristiques communes :

- une distribution équitable du temps de parole entre leurs membres (dans le cas contraire, l'Intelligence Collective semble régresser) ;
- une capacité d'empathie et de perception de ce que les membres ressentent (appelée « sensibilité sociale » ou « conversations émotionnelles » par les chercheurs), principalement à partir de l'observation des signaux non verbaux ;
- un fort sentiment de Sécurité Psychologique comme premier critère de la performance collective.

26. Dutton J.E. (2003), *Energize your workplace: How to create and sustain high-quality connections at work* (vol. 50), John Wiley & Sons.

27. Duhigg C. (2016), « What Google learned from its quest to build the perfect team », *The New York Times Magazine*, *26*(2016), 2016.

28. https://rework.withgoogle.com

LES 5 CRITÈRES DES ÉQUIPES PERFORMANTES CHEZ GOOGLE

1. LA SÉCURITÉ PSYCHOLOGIQUE

Chacun peut s'exprimer sans crainte d'être critiqué ou mis à l'écart du groupe. Cette possibilité d'expression saine qu'offre le groupe est génératrice de confiance, de créativité et de performance.

2. LA CO-DÉPENDANCE

La confiance est partagée entre tous les membres de l'équipe dans un cadre de travail de qualité et il est possible de compter les uns sur les autres.

3. LA CLARTÉ DES STRUCTURES ET DES BUTS

Les objectifs sont clairs, stables et partagés. Ils sont accompagnés d'un plan d'actions lisibles et d'une répartition des rôles pertinente et juste.

4. LE SENS

Chacun trouve du sens à ses actions individuelles et à celle du collectif et c'est une source de motivation et de cohésion durable.

5. L'IMPACT DU TRAVAIL

Chacun perçoit et conscientise l'utilité et l'impact de ses actions

Pratique positive n° 23 : Développer le sentiment de Sécurité psychologique au sein d'une équipe

Pratique positive n° 24 : Réguler et retirer le meilleur des conflits avec le Quadrant d'Ofman

L'organisation

La qualité des relations humaines est au cœur des préoccupations du leader d'une Organisation Positive. Conscient que pour que celle-ci soit agile et innovante dans l'environnement où l'incertitude prévaut, une part de sa responsabilité consiste à créer un environnement qui encourage l'initiative individuelle et facilite l'émergence de l'Intelligence Collective. Dès lors, favoriser des interactions plus fluides et efficaces entre des individus moins organisés hiérarchiquement mais de plus en plus en réseau, en mode projet et « à distance », nécessite d'autant plus d'instaurer un climat de confiance. Bien au-delà des mots et des incantations, cette confiance doit se traduire dans les faits. La cohérence entre ses paroles et ses actes est le « révélateur » de son exemplarité pour son Codir en premier lieu, puis pour l'ensemble des collaborateurs branchés sur Radio Moquette. Pour que prédominent des relations saines et constructives à tous les niveaux de l'organisation et pour que les conflits lorsqu'ils apparaissent, puissent être sources de libération et de transformations d'émotions négatives en énergies positives (➢ Clé n° 3), un certain nombre de facteurs doivent être réunis a minima :

Satisfaire aux 3 critères de la Sécurité Psychologique

1. **Sécurité d'inclusion : répond au besoin humain fondamental de connexion et d'appartenance**.

   Tout le monde a besoin de reconnaissance et de se sentir accepté. Concrètement, c'est ce sentiment de sécurité d'inclusion qui nous permet de nous intégrer dans un groupe social et d'interagir avec ses membres sans crainte d'être rejeté, embarrassé ou puni. **Bénéfices** : confiance, résilience, autonomie, prise d'initiative.

2. **Sécurité d'apprentissage : satisfait le besoin humain fondamental d'apprendre et de grandir en tant que personne**.

   C'est ce sentiment qui nous permet de nous sentir en sécurité lorsque nous sortons de notre zone de confort pour nous engager dans un processus d'apprentissage qui nécessite de poser des questions, faire des erreurs, recevoir et donner des feedbacks. **Bénéfices** : plus enclins à montrer notre vulnérabilité, nous prenons plus de risques et développons ainsi notre Intelligence Émotionnelle et Sociale. À l'inverse, un manque de sécurité d'apprentissage va se traduire par un état de d'esprit fixe déclenchant l'instinct d'autocensure, la tendance à se justifier et à gérer le risque personnel.

3. **Sécurité de contribution : nourrit le besoin humain fondamental de contribuer, de s'accomplir et de « faire une différence »** (Clé n° 7).

La ressentir nous encourage à contribuer en tant que membre à part entière du groupe en mobilisant nos forces et nos compétences au processus de création de valeur. Elle nous permet également de questionner le statu quo sans crainte de représailles ou risque de nuire à notre position ou à notre réputation personnelle. **Bénéfices** : cercle vertueux, plus nous contribuons, plus nous développons notre confiance et nos compétences.

À MÉDITER…

Dans l'Organisation Positive, au même titre que le chiffre d'affaires, les coûts de vente, la marge, la productivité… la Sécurité Psychologique est considérée comme un indicateur clé de la performance. De sa présence ou non dépendra l'engagement et la fidélité des collaborateurs, leur efficacité et leur productivité, leur capacité à s'adapter et à innover et toute autre métrique business qui vous sont chères !

Se concentrer d'abord « sur ce qui marche » en développant de la saine curiosité !

Comme nous l'avons vu précédemment, notre inclinaison naturelle liée à notre « câblage neuronal » et au biais de négativité qu'il induit, tend à attirer notre attention sur le manque, le déficit, la faiblesse… Assez naturellement, nous portons vite un jugement négatif qui s'accompagne de reproches nourrissant ainsi des émotions désagréables chez l'autre (pair, collaborateur, N + 1, client, fournisseur…), à leur tour source de comportements qui favorisent moins des relations saines et constructives, que des interactions dominées par la frustration, la justification, voire l'agressivité. La curiosité est un élément essentiel de ce qui caractérise un État d'esprit de développement (➢ Clé n° 1). Dans l'Organisation Positive, la curiosité se manifeste partout et pour tout. Encouragée par la Sécurité Psychologique évoquée plus haut, elle suscite un questionnement sain, caractéristique d'un collectif conscient que son épanouissement et sa performance consistent à développer l'apprenance pour s'adapter en permanence à son environnement et instaurer une culture de l'innovation (➤ Clé n° 9). Cela nécessite de se poser certaines questions aux trois temps de l'organisation parmi lesquelles :

1. **Passé**
   - D'où venons-nous et quelles étaient les intentions initiales qui ont conduit à notre création ?
   - Qu'avons-nous appris de nos réussites et de nos échecs passés ?
   - Quels ont été les « grands moments ou les tournants » de notre histoire jusqu'alors ?
   - Comment avons-nous surmonté les crises dans notre histoire collective ?
2. **Présent**
   - Où en sommes-nous aujourd'hui ?
   - Que sommes-nous en train de réussir ?
   - Quelles sont nos forces collectives ?
   - Quelles sont nos questions du moment ?
3. **Futur**
   - Quel futur désirons-nous ensemble ?
   - Que voulons-nous faire et comment voulons-nous le faire ?
   - De quoi avons-nous besoin ?
   - Comment saurons-nous que nous aurons réussi ?

> *Remarque*
>
> Qu'ils soient généralistes ou plus spécifiques, les outils et autres grilles de diagnostic sont nombreux et très utiles pour factualiser et objectiver les ressentis. Néanmoins, l'organisme vivant qu'est l'Organisation Positive a conscience que ce sont les émotions et les états d'esprits qu'elle génère qui doivent être « mis en mots »... **Analyser des tableaux Excel peut aider à comprendre, cela n'a jamais permis de « ressentir » !**

Créer et cultiver une culture de l'empathie pour favoriser la coopération et le Soutien social

Le niveau de coopération et de Soutien social est assez immédiatement perceptible pour celui ou celle qui rejoint une organisation. C'est en fonction de ce ressenti et des émotions qu'il génère que soit le nouvel arrivant va adopter les comportements dominants de la culture pour s'y « faire une place » selon les codes en vigueur, soit il en ressortira après un temps plus ou moins long dans lequel il y aura eu plus de souffrance que de plaisir et donc de performance. Autant dire, un jeu perdant aussi bien pour la personne que pour l'organisation qui aura dépensé du temps et de l'énergie pour l'attirer, le recruter et l'intégrer. Même si la compétition est naturellement présente dans tout ce qui est vivant, la coopération et le Soutien social sont des fondements de la culture et des pratiques de l'Organisation Positive et leur socle commun repose sur l'empathie. L'empathie est « *un concept multifacette utilisé pour rendre compte de la capacité à partager et comprendre les pensées et les sentiments des autres*[29] ». Sa dimension émotionnelle permet de saisir les nuances et intensités des émotions d'autrui et sa dimension cognitive nous aide à nous mettre consciemment dans la « peau de l'autre » pour comprendre ce qu'il pense et ressent. Les études en la matière nous révèlent que l'empathie s'apprend et s'entraîne[30]. Dans l'Organisation Positive, si celle-ci se cultive bien sûr entre collaborateurs indépendamment de leur fonction et de leur rôle, c'est aussi une attitude et des pratiques à l'égard de ses clients, fournisseurs et toute autre partie prenante de son écosystème.

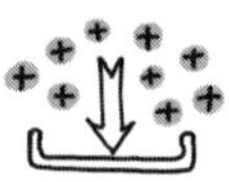

Pratique positive n° 25 : Développer la reconnaissance et la gratitude au sein de l'organisation

Pratique positive n° 26 : La méthode du 3/1,5 pour stimuler le Soutien social dans l'organisation

29. Decety J., & Yoder K.J. (2016), « Empathy and motivation for justice: Cognitive empathy and concern, but not emotional empathy, predict sensitivity to injustice for others », *Social neuroscience*, *11*(1), 1-14.

30. Stueber K.R. (2019), « Davidson, Reasons, and Causes: A Plea for a little bit more Empathy », *Journal for the History of Analytical Philosophy*, *7*(2), 59-75.

LES QUESTIONS DU COACH APPRÉCIATIF

- Comment se rencontre-t-on dans votre organisation ?
- Comment accueille-t-on un nouveau venu ?
- Comment se passent vos réunions ? Dans quel climat émotionnel ?
- Quel niveau d'empathie dans votre organisation ?
- Comment se manifeste l'attention entre les collaborateurs ?
- Comment se manifeste la solidarité ?
- Comment évaluez-vous le niveau de collaboration/coopération ?
- À quels types d'occasions la bienveillance s'exprime-t-elle ?
- Peut-on vraiment exprimer ses opinions dans l'équipe, l'organisation ?
- Quel niveau de confiance dans votre organisation ?
- Sur une échelle de 0 à 10, à quel niveau vous sentez-vous nourrir des « relations humaines » saines et constructives dans votre environnement professionnel ?
- Comment évaluez-vous le Soutien social dans votre organisation ?
- Comment gère-t-on les conflits ?

CLÉ N° 6

Donner/créer du sens…

« Celui qui a un "pourquoi" qui lui donne un but, peut vivre avec n'importe quel "comment". »

Nietzsche

En quelques mots…

Les trois dernières décennies ont vu le monde du travail faire face à de profonds bouleversements (financiarisation de l'économie, globalisation des marchés, internationalisation du travail, recherche de la croissance maximale, révolution technologique, robotique…) ; autant de révolutions qui ont mis à mal tous les cadres de référence des actifs. Des métiers ont disparu, d'autres sont apparus avec l'émergence de nouveaux secteurs d'activité. Enfin, en accélérant l'essor du télétravail, la crise du Covid-19 a soulevé pour nombre d'entre eux, la question de la place du travail dans leur existence.

En France, les enquêtes sociologiques s'accordent sur une forte réduction de la priorité assignée au travail par rapport au couple, à la famille, aux amis et relations, aux loisirs. Tout le monde est en quête de sens. La recherche d'autonomie, d'équilibre entre vie personnelle et vie professionnelle est le fait de la supposée génération « Z » ou « Y », mais également de la génération X et des *baby-boomers*.

Toutes les générations confondues souhaitent entretenir aujourd'hui, avec le monde du travail, d'autres types de relations que celle vécue aujourd'hui. Le Leader d'une Organisation Positive considère la question du sens comme vitale.

Que cela soit sur le plan individuel, à l'échelle d'une équipe ou de l'organisation dans son ensemble, donner du sens définit « l'orientation positive » de toutes les parties prenantes. **Trouver du sens à son travail libère l'énergie, canalise les forces et amplifie la créativité des « ressources humaines » au service d'une raison d'être et d'une vision partagée du projet collectif.**

CE QUE NOUS DIT LA RECHERCHE

Donner du sens à son existence

De tout temps, la question du sens de l'existence est a été au cœur des préoccupations humaines. Au fil de l'histoire, de nombreux philosophes, guides spirituels ou leaders religieux ont tenté d'y apporter leurs réponses. Avec Marc Aurèle, la sagesse stoïcienne nous invite à une forme d'acceptation que des événements nous échappent : « *Ô dieux, donnez-moi la sérénité d'accepter ce que je ne puis changer, le courage de changer ce que je puis et la sagesse d'en connaître la différence*[1]. » Sartre[2] et les existentialistes pour leur part, considèrent que l'être humain forme l'essence de sa vie par ses propres actions, celles-ci n'étant pas prédéterminées par des doctrines théologiques, philosophiques ou morales : chaque individu est un être unique maître de ses actes, de son destin et des valeurs qu'il décide d'adopter.

Les psychologues ne pouvaient pas éluder le mal-être traduit par les troubles anxieux et dépressifs et une plus grande agressivité qu'ils observaient chez les personnes incapables de donner du sens à leur existence. Pour le psychiatre autrichien Viktor Frankl, ce fut l'expérience des camps de concentration qui, tout au long de sa vie, nourrit ses travaux de recherche sur le sujet. Déporté à Auschwitz, il observe que ceux qui sont les plus robustes et dans l'action, sont les premiers à mourir alors que ceux qui semblent les plus faibles résistent beaucoup plus longtemps : « *Face à l'absurde, les plus fragiles avaient développé une vie intérieure qui leur laissait une place pour garder l'espoir et questionner le sens*[3]. » C'est ainsi que sa

1. Aurèle M. (2023), *Pensées pour moi-même*, République des Lettres.

2. Sartre (1996), *L'existentialisme est un humanisme*, Gallimard.

3. Frankl V. (1988), *Découvrir un sens à sa vie*, Éditions de l'Homme.

vie durant, il tentera de répondre à la question : « *Comment peut-on dire oui à la vie, en dépit de tout*[4] ? » Autrement dit, malgré tous ses aspects tragiques, comment la vie peut-elle conserver son sens et donner envie de « continuer » ? Pour lui, répondre à cette question existentielle implique une prise de conscience et des pratiques qui consistent à :

1. Cultiver une riche vie intérieure

Au-delà de la force physique ou mentale, c'est à l'intérieur de soi qu'il faut puiser cette richesse lorsqu'il n'y a plus aucune aide à attendre de l'extérieur : « *Quand nous ne sommes plus en mesure de changer une situation, nous sommes mis au défi de devoir nous changer nous-mêmes*[5]. »

Si là plus que jamais, les Forces de caractère sont convoquées (➢ Clé n° 2), la créativité pour inventer, l'imagination pour s'évader, la capacité à se créer un univers alternatif à celui proposé par la réalité est ici une ressource vitale.

2. Vivre en accord avec ses valeurs

C'est l'alignement avec ses valeurs qui peut permettre d'accepter, voire de transcender une réalité de prime abord insensée : « *Malgré le caractère primitif incontournable de la vie concentrationnaire, le prisonnier pouvait y mener une vie spirituelle très riche*[6]. »

3. Apprécier la beauté

Pour la plupart d'entre nous, nous avons tendance à banaliser le quotidien… Si nous ne restons pas « en alerte » de tout ce qui est beau et bon autour de nous, les jours, les semaines, les mois et les années se suivent dans une monotonie que seuls quelques « événements extraor-

4. *Ibid.*

5. *Ibid.*

6. *Ibid.*

dinaires » viennent illuminer. Pour éprouver un bien-être durable Il est essentiel d'apprendre à pouvoir apprécier la beauté de tous les moments anodins.

4. Cultiver l'humour

S'il nous est impossible de modifier une situation qui ne dépend pas de nous, il nous reste la possibilité de modifier notre regard pour l'accepter... L'humour est alors une extraordinaire ressource pour lutter contre le désespoir : « *L'humour était une arme défensive très efficace. L'humour aide à garder une certaine distance à l'égard des choses et il permet de se montrer supérieur aux événements*[7]. »

5. Savoir se projeter dans le futur

Le sens est à la fois la cause et la conséquence d'une « orientation choisie », un « projet de vie » qui correspond à une représentation tournée vers l'avenir. Ce « désir » ne doit pas être une chimère mais un « possible souhaité » nourrit par notre imagination et notre volonté : « *Dans les camps de concentration nazis, les plus aptes à survivre étaient les prisonniers qui avaient un projet à réaliser après leur libération*[8]. »

Il ne s'agit pas tant ici de s'accrocher à des illusions et d'entretenir de faux espoirs qui s'effondrent bien vite devant la dureté d'une réalité génératrice d'impuissance apprise (➤ Clé n° 1) mais davantage de « faire au mieux avec le présent » dans « l'ici et maintenant ».

Pour Frankl, **le sens est donc moins un « donné », que le résultat d'une quête qui implique pour l'individu des notions de liberté, de choix et de responsabilité.** « *Au lieu de se demander si la vie avait un sens, il fallait s'imaginer que c'était la vie qui nous questionnait – journellement et à toute heure. Nous devions répondre non par des mots et des méditations,*

7. *Ibid.*

8. *Ibid.*

mais par de bonnes actions, une bonne conduite. Notre responsabilité dans la vie consiste à trouver les bonnes réponses aux problèmes qu'elle nous pose et à nous acquitter honnêtement des tâches qu'elle nous assigne[9]. »

À MÉDITER

Pour Viktor Frankl, cette recherche de sens nécessite donc d'allier la capacité et la volonté (le Pour Quoi ?) avec la manière, c'est-à-dire les valeurs, l'attitude, l'état d'esprit (le Comment ?) :

« L'être humain n'est pas complètement conditionné ; il a le choix d'accepter les conditions qui l'entourent ou de s'y opposer. Toutes les prédictions sont fondées sur les conditions biologiques, psychologiques et sociologiques qui l'entourent. Une des principales caractéristiques de l'être humain est sa capacité de s'élever au-dessus de ces conditions. »

La question du « sens au travail »

On ne compte plus les études et les ouvrages sur l'engagement au travail (➢ Clé n° 4) et son corollaire, la question du sens[10]. Plus récemment, parti des États-Unis, le phénomène de la Grande Démission[11] s'est traduit en France par près de 520 000 démissions par trimestre, dont 470 000 démissions de CDI entre fin 2021 et début 2022. Le record précédent datait du premier trimestre 2008, avec 510 000 démissions dont 400 000 pour les seuls CDI. *A priori* un phénomène qui dure en 2022 et 2023 avec 42 % des moins de 35 ans qui envisagent de démissionner dans les 12 prochains mois. La relation au travail des jeunes, c'est la relation que toutes les autres générations souhaitent instaurer par rapport à la hiérarchie, au type de management, à l'autonomie, à la formation, à la gestion des horaires, à la

9. *Ibid.*

10. Morin E.-M. (1993), « Le sens du travail », *Cahier de recherche*, n° 9345, École des hautes études commerciales, Montréal. Pauchant T.-C. *et al.* (1996), *La Quête du sens. Gérer nos organisations pour la santé des personnes, de nos sociétés et de la nature*, Éditions d'Organisation, Coll. « Manpower ».

11. Serenko, A. (2022), « The Great Resignation: the great knowledge exodus or the onset of the Great Knowledge Revolution? », *Journal of Knowledge Management*, (ahead-of-print).

carrière. Assez logique lorsqu'on considère que **si l'engagement au travail est le principal indicateur d'efficacité de l'organisation du travail, il constitue également le principal effet du sens que les personnes y trouvent**[12]. La perte de sens se traduit par des situations de stress, sources de crises professionnelles de plus en plus fréquentes dont trois formes sont plus particulièrement identifiées :

- Le ***burn-out*** : se manifeste par un état d'épuisement physique ou mental conséquence d'une situation au travail intense, un niveau de stress très élevé ou chronique qui entraîne des problèmes de santé lourds tant physiques (troubles musculo squelettiques, maladies cardio-vasculaires...) que psychologiques comme la dépression, voire le suicide.
- Le ***bore-out*** : correspond à un état d'ennui total dû à une sous-charge de travail facteur de stress et de troubles psychologiques.
- Le ***brown-out*** : plus difficile à identifier précisément, il se traduit par une forme de désengagement affectif et émotionnel de son travail, comme si le salarié avait « démissionné » dans sa tête, qu'il ne remplissait plus ses tâches que de façon mécanique et qu'il avait perdu toute conscience de participer à un projet collectif.

Sens et travail : une affaire de subjectivité...

Selon la recherche, une personne se sent bien dans son travail lorsqu'elle y fait une « expérience empreinte de cohérence », c'est-à-dire qu'elle perçoit une **correspondance et des liens entre son identité, son travail et son milieu de travail**[13]. Ainsi, le sens qu'une personne attribue à son travail est subjectif. Il est donc en grande partie tributaire de sa perception positive ou négative, elle-même fondée sur la réunion ou non de deux critères : ce qu'elle fait concrètement au quotidien et les conditions dans

12. Hillman J. (1993), *La Beauté de psyché. L'âme et ses symboles*, Le Jour. Yalom L.O. (1980), *Existenrial Psychotherapy*, Basic Books.

13. Pratt M.G., & Ashforth B.E. (2003), « Fostering meaningfulness in working and at work ». *Positive organizational scholarship: Foundations of a new discipline*, 309, 327.

lesquelles elle exerce son activité. Ainsi, si dans le langage commun, on confond souvent les deux, le sens associé au travail repose bien sur deux dimensions complémentaires que sont :

- le **sens du travail** qui est lié aux tâches et aux activités qui sont réalisées dans le cadre d'un rôle ou d'une fonction dans l'entreprise ;
- le **sens au travail** qui a trait aux relations qu'une personne entretient dans son environnement professionnel tant avec ses collègues, ses supérieurs, ses collaborateurs, sa clientèle…

… et d'organisation du travail

Dès 1950, les recherches d'Éric Trist pour l'Institut Tavistock de Londres, démontrent que l'insatisfaction des travailleurs du secteur des mines en Grande-Bretagne est moins engendrée par les conditions de travail comme le salaire et les avantages sociaux que par l'organisation du travail en elle-même. Que cela soit du point de vue de la psychologie ou de la sociologie, les études convergent pour démontrer l'impact négatif[14] de certains modes d'organisation du travail tant sur l'engagement des salariés, que sur la solidarité et la coopération pourtant indispensables à l'agilité et l'innovation. Ainsi, à l'heure où les programmes de santé mentale font florès dans les entreprises, où les psychologues et les coaches de tous horizons sont convoqués pour « prévenir » ou « régler » le problème de la souffrance au travail, force est de constater que cela exonère encore trop souvent les directions générales de se poser les vraies questions sur la nature des liens évidents entre ces problèmes et les facteurs organisationnels (clarté des objectifs, surcharge de travail, autonomie de décision et d'action…)[15]. Quant à ceux qui sont chargés de l'encadrer, ils sont eux-mêmes bien souvent les premières victimes du non-sens et de « ceux qui décident[16] », tant ils se retrouvent pris au piège d'injonctions paradoxales.

14. C. Dejours voir *Souffrance en France*, Paris, Seuil, 1998 ; « Aliénation et clinique du travail ».

15. A. Soares, *art. cité*.

16. Dupuy F. (2014), « *Lost in Management. La vie quotidienne des entreprises au xxie siècle: La vie quotidienne des entreprises au xxie siècle* », Média Diffusion.

Sens et travail : du subjectif au quantitatif…

En 2017, soit 3 ans avant la pandémie, une étude menée par Deloitte et Viadeo auprès d'un échantillon de plus de 2 000 personnes, interrogeait la notion de sens au travail[17] et nous révélait ceci :

- **8 salariés sur 10** considèrent que le sens au travail impacte la performance ;
- **81 %** des répondants considèrent le travail comme une source d'épanouissement et 75 % vont travailler avec plaisir ;
- **1 salarié sur 2** a choisi son métier pour répondre à une quête de sens ;
- **8,7/10** est le niveau d'importance accordé par les salariés au sens au travail ;
- **55 %** des salariés jugent que le sens au travail s'est dégradé ;
- **7 salariés sur 10** le considèrent comme un sujet collectif ou propre à l'organisation ;
- **81 %** revendiquent que le travail est une source d'épanouissement (« l'être ») ;
- **63 %** considèrent que le sens au travail doit leur être communiqué par leur manager.

Un travail qui fait sens ?

D'un point de vue psychologique, le sens du travail serait fonction de la cohérence entre la personne et le travail qu'elle réalise, ses attentes, ses valeurs, ses pensées et ses actes au quotidien dans son environnement

17. https://www2.deloitte.fr/formulaire/pdf/deloitte_etude-sens-au-travail-2017.pdf

professionnel. Ainsi, pour que le travail ait du sens, il doit réunir au moins six caractéristiques[18] :

- « **Un travail fait de manière efficiente et qui mène à quelque chose** » : organisé de manière efficace, sa réalisation abouti à des résultats utiles en rapport d'une juste dépense d'énergie.
- « **Un travail intrinsèquement satisfaisant** » : il procure du plaisir et permet à la personne d'exprimer sa personnalité, ses talents et ses aspirations.
- « **Un travail qui a une utilité sociale** » : il est source d'expérience de relations humaines satisfaisantes, il doit être perçu comme utile aux autres et à la société.
- « **Un travail qui assure la sécurité et répond au besoin d'autonomie** » : il permet à la personne d'exercer ses compétences, son jugement, de faire preuve de créativité dans la résolution de problèmes et de pouvoir s'exprimer par rapport aux décisions qui la concernent.
- « **Un travail moralement acceptable** » : tant dans sa réalisation que dans les relations qu'il génère, le travail est fait d'une façon socialement responsable.
- « **Un travail qui tient occupé** » : il permet de se situer, il donne un but et permet d'organiser sa vie et de « gérer son temps ».

D'un point de vue sociologique, le sens dans le travail peut être lu à travers les trois registres que sont :

- « **l'avoir** » : acquisition par le travail de capitaux économiques (salaire, prime, retraite etc.), sociaux (constitution d'un réseau social, statut, etc.) et culturels (maîtrise de savoir-faire, développement des compétences, etc.) ;
- le « **faire** » : production, exécution d'une tâche qui prend en compte une collaboration directe ou indirecte (accomplissement d'un ouvrage, etc.) ;
- « **l'être** » **:** notion d'épanouissement de l'humain au sein de son environnement de travail (QVT, reconnaissance, résolution de conflits, etc.)[19].

18. Morin E.M., & Cherré B. (1999), « Les cadres face au sens du travail », *Revue française de gestion*, 83-95.

19. De Gaulejac V., (2011), *Travail, les raisons de la colère*, Média Diffusion.

Donner du sens au travail : être en accord avec ses valeurs

Le travail est par essence un espace dans lequel nos valeurs sont convoquées de façon plus ou moins consciente. Filtres de perception des situations que l'on vit, elles sont sources de motivation, justifient nos décisions et guident nos actions[20]. Ainsi, **la cohérence entre les valeurs auxquelles on croit et la manière dont on agit au quotidien constituent-elles un facteur essentiel dans l'élaboration du sens que nous donnons à notre engagement professionnel**. Cet « accord avec soi-même » s'exprime à la fois sur le plan cognitif (la tête), mais aussi sur le plan émotionnel (le cœur), et bien sûr par les sensations (le corps). Autant de niveaux qui peuvent donner lieu à des conflits de valeurs à l'origine des diverses formes que peut prendre la souffrance au travail[21]. Le psychologue social Shalom H. Schwartz et ses collègues ont identifié 19 valeurs individuelles fondamentales. Si ce qui distingue une valeur d'une autre est le type d'objectif ou de motivation que cette valeur exprime, elles partagent toutes un certain nombre de caractéristiques, elles :

1. **sont des « croyances qui tiennent à cœur »** :
   - associées de manière indissociable aux affects, elles se combinent aux sentiments lorsqu'elles sont « activées » ;
   - si une personne se sent menacée dans une de ses valeurs, elle se sentira diminuée, menacée, voire désespérée si elle n'arrive pas à la préserver ; elle sera au contraire galvanisée et en confiance si elle peut pleinement l'exprimer.
2. **se réfèrent à des buts désirables motivant l'action** :
   - les personnes pour qui par exemple l'ordre social, la justice ou la bienfaisance sont des valeurs importantes sont motivées pour poursuivre ces objectifs.

20. M. Rokeach, *The Nature of Human Values*, The Free Press, 1973. J. Liedtka, « Managerial values and corporate decision-making : an empirical analysis of value congruence in two organizations », dans L. E. Preston (dir.), *Research in Corporate Social Performance and Policy*, vol. 11, Greenwich (Conn.), JAI Press, 1989.

21. D. Girard, « Conflits de valeurs et souffrance au travail », *Éthique publique*, vol. 11, n° 2 | 2009, 129-138.

3. sont trans-situationnelles :

- elles sont à l'œuvre dans tous les domaines de l'existence (vie privée, famille, loisirs, travail...) à la différence des normes ou des attitudes qui sont davantage fonction de situations particulières.

4. servent de normes pour évaluer les actions, les politiques, les gens et les événements :

- si l'impact des valeurs sur les décisions de tous les jours est rarement conscient, elles conditionnent ce que nous jugeons comme bon ou mauvais, justifié ou illégitime, ce qui vaut la peine d'être fait ou ce qui doit être évité... ;
- les valeurs deviennent conscientes quand les actions ou les jugements que l'on envisage conduisent à des conflits entre différentes valeurs importantes à nos yeux.

5. forment un système hiérarchique relativement durable, ordonné par importance :

- les valeurs peuvent être classées par ordre de priorité caractéristique de la personne ;
- cette hiérarchie de valeurs pour une personne est aussi ce qui permet aussi de les distinguer des normes et des attitudes.

6. nos attitudes et nos comportements sont le fruit de « compromis » entre de multiples valeurs concurrentes :

- toute prise de position ou acte posé implique nécessairement plus d'une valeur entre lesquelles nous sommes amenés à arbitrer en fonction des situations ;
- les valeurs contribuent à l'action dans la mesure où elles sont pertinentes dans le contexte (donc susceptibles d'être activées) et importantes pour celui qui agit.

Donner/trouver du sens en cultivant le Flow

C'est en 1975 que le psychologue Mihaly Csikszentmihalyi partage son concept de Flow comme « ***un état d'épanouissement lié à une profonde implication et au sentiment d'absorption que les personnes ressentent lorsqu'elles sont confrontées à des tâches dont les exigences sont élevées et qu'elles perçoivent que leurs compétences leur permettent de relever ces défis***[22] ». À ce titre, cette « expérience optimale » au cours de laquelle les personnes sont profondément motivées à persister dans leurs activités doit réunir plusieurs caractéristiques :

- les buts sont clairs et les feedbacks sur les progrès réalisés sont immédiats ;
- la concentration est totale ;
- l'action est indissociable de la pensée ;
- la conscience de soi est perdue lors de l'expérience (même si elle est plus forte après-coup) ;
- la sensation de contrôle de la situation est totale ;
- la notion de temps est distordue (plus court ou plus long) ;
- les activités sont intrinsèquement gratifiantes.

Initialement menées dans le domaine du sport, au fil des années les recherches en matière *d'expérience optimale* révèlent que pour la plupart des gens, l'environnement le plus propice à l'expérience de Flow n'est pas le temps loisir ou le farniente, mais paradoxalement celui consacré au travail. Ainsi, même si le travail peut être la source de nombreuses tensions et souffrances, la « saine tension » vers un but et les défis qu'offre une activité professionnelle contribue à l'estime de soi, au sentiment d'utilité et de sens de son existence[23]. En effet, celle-ci repose sur le bon dosage entre un objectif suffisamment difficile (niveau de stress perçu) à atteindre et notre niveau de compétence pour l'atteindre (niveau de compétence perçu).

22. Csikszentmihalyi, M. (2000), *Beyond boredom and anxiety*, Jossey-bass.

23. Carter M. (2004), « Field guide to leadership and supervision », *New York: Routledge. Csikszentmihalyi, M.(1997). Finding Flow. Psychology Today, 30*(4), 46.

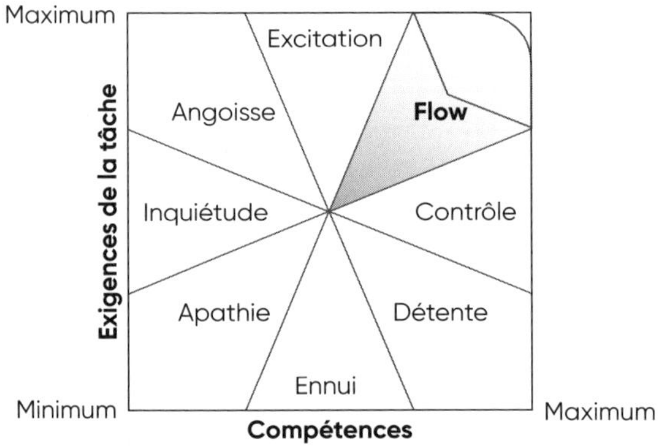

Face à une action à mener ou une tâche à réaliser :

- Si une personne pense que les efforts nécessaires à l'atteinte de l'objectif sont trop élevés par rapport à ses capacités, alors le stress qui en résulte est vécu comme de l'anxiété.
- Si son niveau de capacité est plus haut mais que les exigences de la tâche restent trop élevées à ses yeux, l'expérience génère de l'inquiétude.
- Si elle perçoit ses capacités comme plus élevées que les occasions de les mobiliser, cela génère de l'ennui, voire de l'apathie si le niveau d'ennui devient trop important.

CE QUE J'AI APPRIS DE L'EXPÉRIENCE

« Je ne sais pas si c'est bien mais c'est comme ça qu'ça marche ! »

Que cela soit en tant que collaborateur ou en tant que manager, un parcours de 29 ans dans une multinationale m'a amené à de nombreuses reprises, à m'interroger sur le sens de ce que l'on me demandait de faire ou de « faire faire »... Si un profil de « déviant positif » (➤ Clé n° 9) fut souvent à l'origine de certaines situations difficiles, parfois même conflictuelles, avec ma hiérarchie ou la tribu des « YÂKÂFÔKONS » de tous poils qui pullulent dans la « grande organisation », j'ai toujours tenté de préserver une liberté de ton et d'action qui, avec du recul, m'ont permis d'aller plus loin que tout ce que j'aurais pu imaginer. « *Je ne sais pas si c'est bien mais c'est comme ça qu'ça marche !* » C'est par cette phrase exprimée par mon 23e manager que l'investissement total et Don Quichotesque d'une douzaine d'années sur un projet que j'avais lancé et qui avait pris une dimension extraordinaire, eu égard aux moyens humains et financiers alloués, n'eut soudainement plus de « raison d'être » ! En cet instant précis, pour ma part, je ne savais pas si c'était bien... mais je sus en revanche que tout le sens que je m'étais donné et que j'avais tenté de communiquer à mes clients, mes pairs, mes collaborateurs et parfois même à mes dirigeants pendant toutes ces années, ne « faisait plus sens »... C'était trop bête de craquer à un an de la seule médaille de vermeil à laquelle j'aurais pu prétendre de ma vie... Mais non ! Décidément, la fin ne justifiait tous les moyens !

« Tout fout le camp mon pauv' Monsieur… »

Après le temps du deuil de « ce qui avait été » et de « ce qui aurait pu être », le choix de « donner une autre orientation à ma carrière » fut aussi l'occasion de bien réfléchir au pour et au contre de quitter une « matrice » qui m'avait permis de m'épanouir, de faire des rencontres exceptionnelles, de vivre des moments incroyables et d'acquérir un statut social et matériel appréciable. À l'occasion de cette nouvelle période d'introspection (et il y en eut plusieurs tout au long de ma carrière), je pris conscience qu'au-delà de ce qui pouvait apparaître comme la réaction d'un enfant privé de son jouet, c'était bien deux de mes valeurs fondamentales (autodétermination de la pensée et autodétermination de l'action) qui avaient été touchées par ce énième rattachement hiérarchique. Finalement, cette « fin d'histoire » fut aussi l'occasion d'être en cohérence avec la conviction profonde que si bien sûr, évoluer dans l'environnement de la « grande organisation » ne pouvait se faire sans concession, il était vital d'éviter les compromissions.

« Des valeurs d'accord… mais pour quoi faire ? »

Aujourd'hui, il n'est pas un accompagnement individuel ou collectif qui ne fasse surgir la question du sens et par voie de conséquence, celle des valeurs qui fondent la personne, l'équipe ou l'organisation dans son ensemble. Sur le plan individuel, il m'apparaît que l'identification de ses valeurs, au même titre que celle de ses Forces de caractère, est plus que jamais essentielle à l'épanouissement, la résilience et la performance durable et optimale dans un environnement qualifié de BANI[24]. Sur le plan collectif, il est de bon ton d'affirmer que le « besoin de sens » dans l'organisation ou dans la société

24. Depuis la crise du Covid-19, l'environnement qualifié de VUCA (volatile, incertain, complexe, ambigu) est décrit par le prospectiviste Jamais Cascio comme BANI (friable (*brittle*), anxiogène, non-linéaire, incompréhensible).

dans son ensemble est un facteur majeur d'engagement et de cohésion sociale. force est de constater cependant qu'encore très souvent, les belles et grandes intentions affichées sont bien loin de ce que les collaborateurs vivent et ressentent au quotidien dans leur entreprise. Peut-être serait-il temps de parler un peu moins des « valeurs » et de vivre et d'apprécier un peu plus « la valeur d'être, de faire et d'apprendre ensemble ! »

LES APPLICATIONS PRATIQUES EN ENVIRONNEMENT PROFESSIONNEL

La personne au travail

Plus l'environnement est confus et incertain, plus notre besoin de sens est stimulé. Que cela soit le sens des actes que nous posons, des engagements que nous prenons ou plus généralement celui notre raison d'être en ce monde, **notre besoin de « trouver une cohérence » aux événements, aux signes, aux rencontres et aux résultats de nos actions est un des fondements de notre santé mentale**. Sans sens, pas d'intérêt, de curiosité, de motivation à agir… pas de moyen d'orienter nos choix vers un but satisfaisant, aucun bénéfice envisagé à réguler nos actions en conscience. S'il n'y a plus de sens, c'est qu'il n'y a plus d'autres options que celle de l'apathie, la révolte, d'une forme ou d'une autre d'autodestruction ou encore de la tyrannie mortifère du « je dois », « il faut », et cela quel qu'en soit le prix à payer. Aussi, une bonne manière de trouver ou de donner du sens à son travail consiste à l'exercer avec le sentiment d'être en accord avec ses valeurs. Si l'éthique est une de nos valeurs, par exemple, il est incohérent de travailler pour une organisation dont le profit à tout prix est le seul critère de performance ; épris de justice, il sera insupportable de licencier quelqu'un pour de « mauvaises raisons » ; impossible de travailler pour un manager contrôlant si l'on a besoin d'autonomie. Aller à l'encontre de ses valeurs dans son travail est source d'insatisfaction et de conflits avec ses pairs ou sa hiérarchie. À l'inverse, rester en cohérence avec ses valeurs profondes au moment de s'engager pour une entreprise, d'accepter un nouveau challenge professionnel ou d'évoluer vers un poste d'encadrement par exemple, sont autant d'opportunités de rester fidèle à soi-même et de renforcer confiance et estime de soi. **Être pleinement conscient des valeurs qui nous animent aide à trouver un environnement professionnel propice à notre épanouissement** et plus largement à diriger notre vie dans la bonne direction.

Pratique positive n° 27 : Identifier ses valeurs et comment elles s'expriment au travail

Pratique positive n° 28 : Créer votre poste idéal par le « job crafting »

Le manager et l'équipe

Nous ne venons pas tous chercher les mêmes choses au travail et la notion de sens prend des formes différentes selon chacun d'entre nous. La perception du sens repose à la fois sur les tâches, les activités, les rôles et la fonction de la personne mais aussi sur les relations qu'elle entretient dans son environnement professionnel (collègues, supérieurs, clients…). Pour le manager lui-même soumis à cette complexité, il est vital de trouver et de donner du sens à ses équipes. Avec plus de 6 salariés sur 10 qui attendent de leur manager qu'il leur transmette du sens[25] au travail, sa responsabilité et sa capacité à le faire devrait être au cœur de ses préoccupations et de celles de ses supérieurs hiérarchiques. Bien qu'indispensable aujourd'hui, la « digitalisation générale » de l'organisation et toute l'intelligence artificielle du monde ne sauraient supplanter la dimension « très humaine » du rôle de manager de proximité consistant

25. https://www2.deloitte.fr/formulaire/pdf/deloitte_etude-sens-au-travail-2017.pdf

à créer du sens, à engager dans l'action, à générer des émotions et le sentiment d'œuvrer au service de quelque chose de plus grand que la seule réalisation d'une simple tâche professionnelle. Enfin, la position de manager implique la définition, ou tout le moins la transmission d'objectifs et l'évaluation de la performance individuelle et collective. Ces missions qui peuvent parfois donner lieu à des situations difficiles à gérer (recadrage, arbitrage, séparation d'un collaborateur…) sont autant de moments où il est vital d'être en accord avec ses valeurs pour assumer les conséquences de ses actes. Dans le cas contraire, l'imposture consistant à défendre des choses qui vont à l'encontre de celles-ci est la meilleure manière de vivre son rôle dans la souffrance, à moins d'y prendre du plaisir (oui, oui c'est possible), ce qui traduit dans ce cas-là, un trait de personnalité plus inquiétant.

Pratique positive n° 29 : Nourrir le besoin de donner/trouver du sens à l'œuvre collective

L'organisation

Même si derrière les intentions affichées, les véritables motivations ne sont pas toujours aussi louables qu'on pourrait le souhaiter, les concepts et pratiques de responsabilité sociétale et environnementale (RSE), le statut d'entreprise à mission et autres labels et certifications en tous genres révèlent une prise de conscience : l'engagement des collaborateurs au travail est inséparable de la capacité de l'organisation créer du sens par sa « raison d'être ». Pour les leaders de l'Organisation Positive, il s'agit de donner du sens et de répondre au besoin de sens de deux manières. D'une part, à l'attention portée à ce que l'entreprise « produit » au sens littéral du terme et à la manière dont elle le produit en respectant le vivant, voire en le régénérant et tout cela, en incluant la recherche des impacts positifs pour toutes ses parties prenantes (*Do Good, Do Well…*). D'autre part, à travers la qualité de l'expérience qu'elle « donne à vivre » à ses collaborateurs, dont les relations (➢ Clé n° 5), les émotions vécues (➢ Clé n° 3) et partagées au quotidien, ainsi que les accomplissements individuels et collectifs, constituent de bons révélateurs (plutôt qu'indicateurs). Ce sont bien sûr ces deux dimensions lorsqu'elles sont vécues de façon authentique, qui sont les meilleures preuves et sources d'attractivité pour celles et ceux qui interagissent avec elle : clients, fournisseurs, partenaires, futurs collaborateurs…

Aujourd'hui, la question du sens est une préoccupation d'autant plus largement partagée chez les travailleurs que le Covid est passé par là et qu'il a donné lieu à la réflexion et la remise en question. Sur le plan individuel et collectif, de nouveaux modes d'organisation du travail, et notamment la diffusion accélérée du télétravail, ont bouleversé les limites imposées jusqu'alors par le temps et l'espace. Enfin, scrutée comme jamais auparavant, la première génération aussi starifiée que sont les millenials, laisse augurer d'un nouveau rapport au travail où la distinction entre vie professionnelle et vie privée est essentielle et où le « développement personnel » est davantage pris en compte que par leurs aînés. Ils manifestent de l'intérêt pour des tâches variées, sont plus enclins à mener des « *projets* » (qui ont du sens) plutôt que des missions sur le long terme[26]. Alors qu'ils représenteront 80 % de la population active en 2030, il y a de quoi se casser les os de la tête pour les DRH lorsqu'on apprend que pour 75 % des jeunes interrogés[27], il est primordial d'exercer une activité professionnelle qui les passionne et qu'ils sont 84 % à considérer qu'il est important que leurs employeurs prennent en compte leur vie personnelle.

Pratique positive n° 30 : Définir sa raison d'être avec SWITTCH®

26. https://www.latribune.fr/economie/france/comment-les-millennials-percoivent-ils-le-travail-766806.html

27. Enquête en ligne Domplus-Génération Cobay « Que du bonheur » effectuée avec l'association de jeunes militants Génération Cobaye en décembre 2015 (diffusée en 2016).

LES QUESTIONS DU COACH APPRÉCIATIF

- Quelles sont les situations professionnelles dans lesquelles vous vous sentez pleinement engagé et épanoui ?
- En quoi votre travail a-t-il du sens pour vous ?
- Votre travail comble-t-il votre besoin de sens ?
- Comment votre organisation nourrit-elle votre besoin de sens ?
- Comment cela se traduit-il concrètement ?
- Qu'est-ce qui vous apporte le plus de satisfaction par rapport à l'impact de votre travail dans votre entreprise ?
- Avez-vous la sensation que votre travail est utile à la société ? Si oui, en quoi et comment ?
- Quelle est la « raison d'être » de votre entreprise ?
- Quelle œuvre accomplissez-vous ensemble ?

CLÉ N° 7

Nourrir le besoin d'accomplissement… et de performance optimale[1]

« Ceux-là seuls qui se prosternent comme des esclaves devant la réussite peuvent trouver que l'efficacité est admirable indépendamment de l'accomplissement auquel elle tend. »

Bertrand Russell

1. L'atteinte du meilleur niveau envisageable dans un domaine d'application spécifique en fonction des contraintes et des ressources disponibles.

En quelques mots...

Réussir à surmonter les obstacles, persévérer pour mener une tâche jusqu'au bout ou atteindre un objectif que l'on s'était fixé : autant de réalisations indispensables à l'individu pour construire et développer l'estime de soi et la confiance. Cette capacité à se dépasser, à « élargir sa zone de confort », nourrit un sentiment d'accomplissement dont la *flexibilité* (capacité d'adaptation réaliste et librement choisie) et la gratitude sont deux des expressions les plus notables. Et puis quelles sensations, que d'émotions et d'énergies positives lorsque la réussite est partagée au sein d'une équipe ou plus largement au niveau de l'entreprise dans son ensemble.

Pour l'Organisation Positive, il n'y a pas plus de limites à la performance qu'il n'y en a dans l'intelligence du vivant. En ce sens, le dépassement de ses objectifs est un marqueur essentiel de la santé, la vitalité et l'engagement de tous à sa raison d'être au service du bien commun.

Si on sait y « apprécier, célébrer et savourer » les réussites, on sait aussi tirer le meilleur parti des échecs pour se remettre en question et apprendre ensemble. Dans les moments difficiles et les crises de croissance inhérentes au « vivant », on sait se retourner sur ce qui a fait le succès au passé pour retrouver les forces nécessaires, envisager le futur avec optimisme et confiance et nourrir ainsi un collectif toujours plus résilient.

CE QUE NOUS DIT LA RECHERCHE

L'accomplissement comme moteur du développement de la personne : retour aux sources…

Au sens commun, la notion d'accomplissement nous renvoie à une forme d'achèvement mais aussi au processus de réalisation d'une action ou d'un projet. À travers celui-ci, nous pouvons révéler ce que nous sommes au plus profond de nous-mêmes et atteindre ainsi un état de plénitude intérieure. **En psychologie, l'accomplissement est associé aux notions de besoins, d'objectifs et d'efforts pour les atteindre**. Ainsi, se fixer des objectifs difficiles contribue à cultiver nos Forces de caractère (➤ Clé n° 2) pour nous dépasser, trouver du sens et avoir un impact sur le monde[2].

Souvent simplifié, voire caricaturé dans le monde de l'entreprise pour sa fameuse pyramide des besoins fondamentaux, Abraham Maslow a consacré une bonne partie de sa vie et de ses recherches à définir ce que pouvait être le chemin vers l'accomplissement humain. En s'intéressant à celles et ceux qui « *donnent l'impression de s'épanouir et d'atteindre l'excellence dans tout ce qu'ils sont capables de réaliser* », il constate que les « *êtres qui s'accomplissent*[3] » :

- ont une perception plus claire de la réalité et un meilleur rapport à elle. Vivant dans le monde du réel, ils n'ont pas besoin de déformer la réalité à travers le prisme de leurs souhaits, leurs besoins, leurs espérances ou leurs peurs ;

2. Seligman M.E. (2012), *Flourish: A visionary new understanding of happiness and well-being*, Simon and Schuster.

3. Maslow A. (2020), *Devenir le meilleur de soi-même : Besoins fondamentaux, motivation et personnalité*, Éditions Eyrolles.

- vivent selon leurs propres codes éthiques et n'adhèrent pas aux théories et stéréotypes d'un quelconque groupe culturel définissant une norme ;
- ne sont pas effrayés par l'inconnu et ne ressentent pas le besoin impératif de le structurer ou de le cataloguer ;
- vivent plus fréquemment des expériences intenses et des moments forts (pics d'expérience) ;
- sont plus spontanés : ils vivent chaque moment comme une fin en soi et non pas comme un moyen d'atteindre un autre but ;
- sont davantage axés sur leur développement que sur le besoin de masquer leurs points faibles ;
- ont un plus grand besoin de passer du temps seuls pour se régénérer et cultiver une paix intérieure ;
- ont des relations interpersonnelles plus profondes et plus riches ;
- sont autonomes et ne sont pas tributaires du milieu ou de l'environnement dans lequel ils évoluent ;
- ont une capacité d'émerveillement constante et de gratitude pour leur existence ;
- ont un profond sentiment d'empathie et d'affection pour la condition humaine ;
- se considèrent comme proactifs, comme les initiateurs d'une dynamique destinée à créer un monde meilleur ;
- sont plus créatifs.

Selon lui, « *ils sont motivés uniquement par la croissance et l'expression de leur caractère, leur maturation et leur développement, en un mot, par l'accomplissement de soi* ». Dans le même courant de la Psychologie Humaniste, c'est ce qui fait dire à Carl Rogers que « *tout individu possède de façon innée un système de motivation appelé la tendance actualisante, à savoir que l'être profond est orienté positivement vers la maturation, l'autonomie et les rapports constructifs avec autrui*[4] ».

4. Rogers C.R. (1966), « Le développement de la personne », Les *Études Philosophiques*, 21(4).

Besoin, motivations et buts d'accomplissement

Selon la **théorie du besoin d'accomplissement ou de motivation à réussir** du psychologue John William Atkinson[5], celui-ci est considéré comme une disposition relativement stable chez un individu donné. Cependant, le comportement visant à satisfaire le besoin d'accomplissement induit un conflit entre deux types de motivation qui ont chacune des implications émotionnelles :

1. **La motivation à l'accomplissement**
   - nourrie par l'espoir, elle incite à rechercher le succès car la réussite procure joie et fierté ;
   - « motif d'approche », elle implique la perspective d'une récompense.
2. **La motivation à éviter l'échec**
   - nourrie par la peur, elle inhibe l'engagement dans l'action de crainte d'un échec qui confronterait trop intensément à des sentiments d'humiliation et de honte ;
   - « motif d'éloignement », elle implique la crainte d'une punition.

> *Remarque*
>
> Les deux tendances sont aussi importantes l'une que l'autre et ces deux motivations seront à l'œuvre dans toute situation de performance attendue. Cela se traduira par une alternance entre approche et évitement de la tâche, l'une ou l'autre l'emportant selon que s'impose la probabilité de réussir ou d'échouer.

Plus récemment, avec la théorie des buts d'accomplissement[6], la recherche a mis l'accent sur l'acquisition de compétence et permis d'identifier de façon plus précise les deux types de buts qui en sous-tendent la motivation :

1. **Les buts de maîtrise ou buts d'apprentissage :** dans ce cas, l'objectif de la personne est d'apprendre, de développer de nouvelles habiletés,

5. Atkinson J.W. (1964), *An introduction to motivation*, Van Nostrand.

6. Dweck C.S. (1986), « Motivational processes affecting learning », *American psychologist*, *41*(10), 1 040. Nicholls J.G. (1984), « Achievement motivation: Conceptions of ability, subjective experience, task choice, and performance », *Psychological review*, *91*(3), 328.

de comprendre ou de maîtriser quelque chose de nouveau. Être compétent signifie apprendre, comprendre, progresser…

2. **Les buts de performance** : ici, la comparaison sociale joue un rôle déterminant et l'objectif est d'obtenir des jugements favorables sur sa compétence. Avoir appris ou progressé ne suffit pas pour se sentir compétent, ce qui compte est avant tout de savoir et de faire mieux que les autres.

L'expérience de l'état de Flow[7] comme marqueur de l'accomplissement au travail

Le concept de Flow a été développé en 1975 par le psychologue hongrois Mihály Csíkszentmihályi qui est considéré comme l'un des pionniers du mouvement de la Psychologie Positive. Selon lui le Flow est « *un état motivationnel optimal caractérisé par une qualité d'expérience positive et associé à une performance élevée et au bien-être procuré par la tâche en elle-même*[8] ». Ces expériences optimales se traduisent par des activités qui nous absorbent totalement et qui reposent sur un bon dosage entre un objectif suffisamment difficile et notre niveau de compétence pour l'atteindre. L'activité est perçue comme particulièrement plaisante et génère une productivité optimale. Pour qu'il y ait Flow, l'activité doit réunir huit caractéristiques :

1. **Les objectifs sont clairement définis :**
   - on sait ce que l'on doit faire et on connaît les étapes à suivre pour atteindre le but donné ;
   - les « règles du jeu » sont faciles à comprendre… Elles ne sont ni conflictuelles, ni déroutantes.

7. Concentration maximale.

8. Csikszentmihalyi M. (2004), *Good business: Leadership, Flow, and the making of meaning*, Penguin.

2. Le feedback (retour d'informations) est direct et immédiat :

- à tout moment, on sait si ce qu'on fait nous rapproche ou nous éloigne de l'objectif fixé ;
- le retour d'information (succès/échecs) en continu permet de rester concentré et un ajustement permanent dans l'action.

3. La difficulté de l'activité s'équilibre avec les compétences de l'acteur :

- le plaisir éprouvé dans l'activité nécessite que la tâche à réaliser soit en équilibre avec ce que l'on est capable de faire, ni trop simple (sur qualification), ni inaccessible (sous qualification).

4. La tâche requiert une concentration maximale : sensation d'être dans la « zone »

- là où notre attention est le plus souvent partagée, celle-ci dans le Flow est comme « fondue dans l'action » ;
- cet état d'hyper-concentration nous procure du bien-être, donne de l'énergie et la sensation d'être beaucoup plus efficace.

5. Les frustrations de la vie quotidienne s'effacent :

- intensément « présent au présent », seule la tâche à mener nous occupe l'esprit et toute autre considération passée ou future disparaît ;
- par opposition aux formes d'évasion destructives (manies, obsessions, addictions…), le Flow alimente une forme d'évasion constructive à travers la confrontation à de nouveaux défis et l'acquisition de nouvelles compétences.

6. La sensation de contrôle de soi et de l'environnement :

- en état de Flow, la répétition que procure un entraînement perpétuel de nos compétences nous amène à ressentir la sensation d'être en mesure de contrôler notre vie, nos actions, notre expérience.

7. La perte du sentiment de la conscience de soi :

- la mobilisation totale de toute notre attention et de nos compétences dans l'instant provoque une perte de la conscience de soi ;

- le souci de ce que les autres peuvent penser est totalement absent et l'ego défensif laisse place à un profond sentiment de sécurité intérieure et d'estime de soi.

8. La distorsion de la perception du temps :

- le Flow modifie notre perception du temps, les heures deviennent des minutes ;
- c'est comme si le temps s'adaptait à l'expérience et non le contraire.

Ainsi, le Flow joue un rôle majeur dans la satisfaction au travail. Par sa fréquence et sa qualité, les sensations agréables qu'il provoque entraînent de meilleures performances, une créativité accrue, une meilleure estime de soi, de la motivation et une plus grande satisfaction de sa vie en général. Si chacun peut apprendre à développer ses capacités à vivre des états de Flow, Csíkszentmihályi nous apprend que certaines personnes y sont plus aptes que d'autres. Celles-ci sont dites « autotéliques » en ce qu'elles trouvent en elles-mêmes une finalité dans tout ce qu'elles font (*autos* = soi ; *telos* = finalité) : « *L'individu autotélique n'a pas un grand besoin de possession, de distraction, de confort, de pouvoir ou de célébrités, car presque tout ce qu'il fait l'enrichit intérieurement. Il est plus autonome, plus indépendant, parce qu'on ne le manipule pas facilement à coups de menace ou de récompense extérieures. En même temps, il est plus impliqué dans tout ce qui l'entoure parce qu'il est pleinement investi dans le courant de la vie*[9]. »

À MÉDITER...

– Lors de ses recherches, Csikszentmihalyi (2004) a été amené à découvrir « le paradoxe du travail » : si la valeur accordée aux loisirs est plus élevée, c'est-à-dire que les gens préfèrent les loisirs, ils vivent l'expérience du Flow plus souvent au travail (54 %) que pendant leurs loisirs (18 %). En outre, le niveau de Flow est plus élevé pendant les loisirs actifs que passifs.
– Avec l'entrée en état de Flow, l'activité du cortex cérébral (conscience de soi, prise de décisions rationnelles) tend à s'éteindre et la concentration s'en trouve améliorée par le ralentissement des ondes cérébrales. Moins parasité par nos pensées et nos sensations, l'esprit est tout entier concentré sur la tâche à accomplir.
– Lorsque le cerveau entre en état de Flow, il libère aussi de la sérotonine, de la dopamine et des endorphines, autant d'hormones du bien-être.

9. Csikszentmihalyi M. (2004), « Vivre », La *psychologie du bonheur*.

Le Capital Psychologique (Capsy) au service de l'accomplissement

Tout le monde est bien sûr familier avec la notion de capital économique qui mesure ce que l'on possède à titre personnel (biens, placements financiers) ou encore les ressources sur lesquelles s'appuie une organisation (fonds propres, data, brevets...). On peut parler également de capital humain (ce que je sais : formation initiale, expérience, compétences) ou encore de capital social (qui je connais : relations personnelles et professionnelles, rôle que j'occupe dans mes réseaux).

Le Capital Psychologique repose sur l'idée de « ce que je suis » mais surtout sur l'idée de « ce que je peux devenir[10] ». Mesurable, susceptible d'être développé et orienté sur la recherche de l'amélioration de la performance, il explique pour 63 % selon des études Gallup, la satisfaction au travail et pour 71 % l'engagement au travail.

État de développement psychologique positif d'un individu, il repose sur quatre ressources :

- **Auto-efficacité :** confiance en soi suffisante pour faire les efforts nécessaires pour atteindre avec succès des objectifs difficiles.
- **Optimisme** : capacité d'attribuer une valeur positive aux succès obtenus maintenant ou dans le futur.
- **Espoir :** capacité à persévérer dans l'atteinte des objectifs et si nécessaire, à réorienter sa démarche pour obtenir le succès.
- **Résilience** : capacité, lorsqu'en proie à des problèmes ou à l'adversité, d'être capable d'y faire face et de rebondir même au-delà, pour arriver au succès.

> *Remarque*
>
> Si chacune des composantes à ses propres caractéristiques et ses stratégies de développement, elles sont interdépendantes et le tout est plus grand que la somme des parties.

10. Luthans F., Avey J.B., Avolio B.J., Norman S.M., & Combs G.M. (2006), « Psychological capital development: toward a micro-intervention », *Journal of Organizational Behavior: The International Journal of Industrial, Occupational and Organizational Psychology and Behavior*, *27*(3), 387-393.

Introduit par le psychologue américain Fred Luthans en 2007, le concept a donné lieu depuis lors à de nombreuses recherches qui nous révèlent que le développement de notre Capital Psychologique a pour conséquence de :

- renforcer la satisfaction au travail ;
- mieux résister à la pression et rebondir après un échec ;
- mieux s'adapter aux changements ;
- repousser les limites de la performance individuelle et collective ;
- favoriser l'Intelligence Collective et la coopération ;
- cultiver sa santé physique et mentale[11].

L'espoir

Dans le champ de la Psychologie Positive, l'espoir est la Force de caractère qui nous permet de persévérer jusqu'à l'atteinte de nos buts. L'espoir fait appel à un mélange de créativité pour imaginer un futur positif et à la volonté (agentivité) de l'atteindre. C'est un mode de pensée et de mise en action par lequel l'individu est capable de :

- se fixer des buts qu'il peut atteindre ;
- penser les chemins pour les atteindre, voire de les adapter si nécessaire (Waypower) ;
- croire dans sa capacité à se mettre en route et à rester motivé tout au long du chemin jusqu'à l'atteinte de son objectif initial (Willpower)[12].

Auto-efficacité (confiance)

Développée par le psychologue canadien Albert Bandura, la notion de sentiment d'auto-efficacité se réfère à la confiance que nous avons dans notre capacité à mobiliser et à produire l'effort pour relever les défis qui

11. Luthans F., Avolio B.J., Avey J.B., & Norman S.M. (2007), « Positive psychological capital: Measurement and relationship with performance and satisfaction », *Personnel psychology*, *60*(3), 541-572.

12. Snyder C.R. (2002), « Hope theory: Rainbows in the mind », *Psychological inquiry*, *13*(4), 249-275.

se présentent à nous et réussir à atteindre nos buts. C'est la sensation d'être compétent dans un domaine donné, la conviction selon laquelle « on peut le faire ! » Il y a trois effets qu'un bon niveau d'auto-efficacité peut produire chez une personne, elle :

- se fixe des objectifs plus ambitieux et exigeants tout en restant accessibles ;
- persévère et consent à davantage d'effort dans le temps pour atteindre son but ;
- démontre davantage de résilience face aux imprévus et difficultés[13].

L'optimisme

L'optimisme fait référence à un état d'esprit et une attitude généralement positive envers le futur. Ainsi, là où un pessimiste aurait spontanément des attentes négatives par rapport au futur envisagé, l'optimiste a tendance quant à lui, à anticiper des résultats favorables par rapport à ce même futur. La recherche en la matière nous apprend que les personnes optimistes :

- sont plus heureuses, ressentent plus d'émotions agréables, moins de stress, moins de symptômes dépressifs et plus de satisfaction conjugale[14] ;
- sont plus persévérantes, résilientes, développent davantage des stratégies actives face aux difficultés[15] ;
- obtiennent de meilleurs résultats sur les plans scolaires, professionnels et sportifs[16] ;
- présentent un système immunitaire plus efficient[17].

13. Bandura A., & Locke E.A. (2003), « Negative self-efficacy and goal effects revisited », *Journal of applied psychology*, *88*(1), 87.

14. Pavot W., & Diener E. (2008), « The satisfaction with life scale and the emerging construct of life satisfaction », *The journal of positive psychology*, *3*(2), 137-152.

15. Peterson C., & Barrett L.C. (1987), « Explanatory style and academic performance among university freshman », *Journal of personality and social psychology*, *53*(3), 603.

16. Nolen-Hoeksema S., Girgus J.S., & Seligman M.E. (1986), « Learned helplessness in children: a longitudinal study of depression, achievement, and explanatory style », *Journal of personality and social psychology*, *51*(2), 435.

17. Scheier M.F., & Carver C.S. (1992), « Effects of optimism on psychological and physical well-being: Theoretical overview and empirical update », *Cognitive therapy and research*, *16*(2), 201-228.

À MÉDITER...

L'optimisme dépend moins des événements que de la perception et l'interprétation que nous donnons à ce qui arrive. C'est ce que Martin Seligman appelle le « style explicatif » (*Learned optimism : How to change your mind and your life, 2006)*, c'est-à-dire la façon radicalement différente dont optimistes et pessimistes, « s'expliquent » leurs échecs. Selon lui, l'optimisme est un catalyseur de ressources en ce qu'il permet d'activer un état ou de susciter des comportements bénéfiques. Facteur essentiel de la persévérance face aux obstacles et aux échecs, il est un bon prédicteur de la capacité d'une personne à poursuivre son effort parce qu'elle continue à s'attendre à une issue positive.

Résilience

Face aux problèmes et à l'adversité, la résilience est notre capacité à résister et à rebondir pour atteindre les buts que nous nous étions fixés[18]. Elle traduit « *la capacité des personnes, des communautés et des systèmes à maintenir leur objectif principal et leur intégrité face aux chocs et aux surprises imprévus*[19] » et repose sur une combinaison dynamique d'optimisme, de créativité et de confiance qui permettent ensemble de réévaluer les situations et de réguler les émotions. Elle peut se définir comme la combinaison de trois capacités[20] :

- **Faire face à la réalité :** dans les situations de désespoir et d'impuissance, la meilleure façon de lutter dans le temps consiste à « accepter et faire face à la réalité » plutôt que de « penser positif » au risque de perdre son énergie si la situation ne change pas aussi vite qu'on le souhaite.
- **Chercher du sens :** être capable de donner du sens même lorsque le cours des choses ne peut être changé est au cœur de la résilience.
- **Improviser :** lorsque les événements ne se passent comme prévu (et c'est plus souvent le cas), il est indispensable d'être prêt à remettre

18. Luthans F. (2002), « Positive organizational behavior: Developing and managing psychological strengths », *Academy of Management Perspectives*, *16*(1), 57-72.

19. Zolli A., & Healy A.M. (2012), *Resilience: Why things bounce back*, Hachette UK.

20. Coutu D.L. (2002), « How resilience works », *Harvard business review*, *80*(5), 46-56.

« le plan » en question pour s'adapter et tirer le meilleur de la nouvelle réalité qui s'impose. Ainsi, la capacité de faire face à une situation quelles que soient les ressources dont nous disposons est un fort prédicteur de notre potentiel de rebond dans l'adversité.

Le GRIT (CRAN) : en avoir ou pas…

Contrairement à ce qui est généralement admis, ce n'est pas l'intelligence logique voire émotionnelle qui est le facteur majeur d'accomplissement et de succès. Les recherches de la psychologue Angela Duckworth, pionnière dans le domaine, tendent à démontrer que c'est le courage ou la passion et la persévérance à poursuivre des objectifs à long terme qui constituent le facteur le plus décisif et qu'elle définit sous le terme de GRIT (CRAN)[21]. « *La réussite est le produit du talent et de l'effort, ce dernier étant fonction de l'intensité, de la direction et de la durée des efforts d'une personne vers un objectif à long terme.* »

Ainsi, si avoir du talent est une chose, tenir ses engagements en est une autre… Les personnes qui ont du cran sont capables de maintenir leur détermination et leur motivation au fil du temps, et cela en dépit des échecs et de l'adversité. Pour elle, « *le GRIT consiste à rester centré sur votre futur, jour après jour, pas seulement pour une semaine ou un mois, mais pendant des années ; et à travailler très dur pour que ce futur devienne réalité* ». Étroitement associé à l'État d'esprit de développement (➢ Clé n° 1), il se caractérise par cinq caractéristiques :

1. Courage

Au-delà du courage physique, il s'agit davantage ici de défendre ce en quoi on croit, de suivre sa vision même si cela va à l'encontre de l'assentiment d'autrui quel qu'en soit le prix. Les personnes courageuses font preuve de

21. Duckworth A. (2016), *Grit: The power of passion and persévérance* (vol. 234), NY: Scribner.

patience, de la force de dire « non » et d'y croire même lorsque tout semble perdu. Elles ne cherchent pas à plaire à tout prix, savent demander de l'aide si besoin et sont capables de pardonner pour faire avancer les choses...

2. Conscience professionnelle

La conscience ici renvoie aux notions de minutie, vigilance, prudence que manifeste une personne qui veut bien faire quelque chose. Dévouée dans son travail, une personne consciencieuse recherche l'efficacité et est capable d'efforts intenses et soutenus. L'organisation et l'ordre sont essentiels à ses yeux et sa détermination à accomplir sa mission est sans faille.

3. Persévérance

Ici, la persévérance n'est pas synonyme de douleur et de souffrance, mais au contraire pour ceux qui ont du cran, elle est une manière de trouver du plaisir et de « payer le prix » dans la lutte pour atteindre leurs objectifs. Cette abnégation est finalement ce qui fait la plupart du temps la différence entre le succès et l'échec à la condition que cela serve un objectif à long terme qui justifie le sens et la valeur des efforts consentis.

4. Résilience

Les personnes résilientes considèrent les difficultés, voire les échecs comme des opportunités et des accélérateurs de transformations. Elles sont conscientes d'elles-mêmes, capables dans un temps relativement court de recadrer les expériences difficiles ou douloureuses pour les voir de façon plus légère parce que fortes d'un sens moral élevé. Ainsi, elles cherchent moins à « contrôler » leur vie qu'à « accueillir et donner du sens » à ce qui leur arrive.

5. Passion

Plus que le perfectionnisme, les personnes passionnées recherchent l'excellence. Habitées par un sens profond, elles agissent souvent de manière altruiste et incarnent les croyances et les valeurs qui les portent. Elles se connaissent et font preuve d'acceptation à l'égard d'elles-mêmes car elles se voient comme des êtres imparfaits, mais en développement perpétuel face aux choix et options que leur offre la vie. Motivé par des objectifs ambitieux et axés sur les résultats, ce genre de personnes cultivent la « volonté de trouver un moyen d'atteindre leur but » et n'acceptent pas « non » comme réponse.

À MÉDITER...

Excellence vs. *perfectionnisme*

L'excellence est une attitude liée à la notion d'accomplissement d'un but ou à l'exercice d'une fonction fortement associé à la vertu, soit « *une force morale avec laquelle l'être humain tend au bien, s'applique à suivre la règle, la loi morale (opposé au vice)* ». En ce sens, elle est une quête inlassable source de profonde satisfaction, de joie intérieure et d'épanouissement. En considérant que la perfection peut et doit être atteinte, le perfectionnisme se montre binaire, impitoyable et inflexible : il s'agit d'être parfait ou de paraître parfait aux yeux des autres ! Là où la quête continue d'amélioration de l'excellence accepte l'échec et la vulnérabilité et favorise la réussite, la rigidité du perfectionnisme nourrit l'anxiété, la faible estime de soi, le trouble obsessionnel compulsif, l'addiction, la dépression et fait ainsi obstacle à la réussite.

CE QUE J'AI APPRIS DE L'EXPÉRIENCE

« (I can't get no) satisfaction... »

Il fut un temps où les produits étaient « finis » et ce sentiment d'achèvement était source de fierté, de satisfaction du devoir accompli et plus globalement d'émotions positives que l'on pouvait partager avec tous ceux qui avaient contribué à atteindre le résultat final. À l'ère du digital et de l'intermédiation, il semble que l'on ait réussi à créer toujours plus de désir(s) pour toujours moins de satisfaction(s). Des produits en « amélioration constante » exacerbent une forme d'insatisfaction permanente sur le mode *« on peut toujours faire mieux »*, que cela pour soit pour ceux qui les produisent ou pour ceux qui les consomment ! Cet état de Sisyphe moderne se traduit par la sensation de ne jamais vraiment mettre un point final à une tâche ou un projet entrepris et à éprouver l'effet Zeigarnick[22], soit un sentiment d'apaisement ressenti lorsque la tension d'avoir des choses à faire est apaisée par leur achèvement. « *Nous vivons dans un sentiment d'urgence perpétuelle ou se bousculent injonctions paradoxales et priorités toutes plus prioritaires* »... Cela favorise la multiplication des interruptions, abandons, renoncements qui nourrissent ainsi la frustration plus ou moins consciente que provoque la sensation de ne jamais « finir » ou « achever » ce que l'on a commencé. Or pas de fin, pas de satisfaction du « devoir accompli » et de ressenti des émotions agréables qui l'accompagne : joie, fierté, gratitude, estime de soi...

22. L'effet Zeigarnik désigne la tendance à mieux se rappeler d'une tâche inachevée car interrompue qu'une tâche déjà accomplie. Le fait de s'engager dans la réalisation d'une tâche crée une motivation d'achèvement qui reste insatisfaite tant que la tâche est interrompue. (Source : Wikipédia.)

« Et ça continue encore et encore… »

Qui n'a pas eu parfois l'impression, pour certains c'est d'ailleurs un terrible sentiment quotidien, de vivre comme Bill Murray la douloureuse répétition d'« Un jour sans fin » ? Pour ma part, la plus grande partie de ma vie professionnelle m'amenant à une forme de nomadisme, j'ai eu la chance de très longtemps échapper à cette sensation de vivre des situations dominées par l'ennui ou la frustration que provoque la monotonie. Enfin, je dis ça mais ce sentiment de lassitude peut aussi être le lot de ceux qui passent leur vie en voyage (et cela quel que soit le moyen de déplacement), et qui dorment tous les soirs dans un hôtel différent. Aussi, en ce qui me concerne, c'est finalement la découverte de la « vie au siège » (tout est dit), le badge pour rentrer et sortir de l'immeuble, l'enfermement du bureau, la « réunionite » aiguë, le Flow infini des mails et des messages, les notifications d'agenda électronique, qui m'ont amené à ressentir ce « vide trop plein » de moments « déjà vus » !

Lorsque la performance n'a pas (plus) de sens

Avec le Covid-19 et la Zoomification accélérée à laquelle nous avons tous été confrontés (enfin, pour être honnête, toutes celles et ceux qui ne rendent pas un « service essentiel » à la société), mes entretiens de coaching ont beaucoup tourné autour de ce sentiment de non-sens et d'incomplétude. Pour les managers, par exemple, c'était comme si le bouleversement de tous les repères, aussi bien sur les résultats attendus que sur la manière de les atteindre, venait ébranler la capacité à s'évaluer et à évaluer l'autre. Et puis : qu'est-ce qu'une vie Zoom ou Teams si ce n'est une vie en *« mode zoombie »* qui encourage l'hyper-maîtrise du temps de chacun sous la bénédiction des pouces levés et des émojis grimaçants. C'est aussi est une connaissance du monde réduite à la culture « picto », celle des écrans et des lectures rapides, celle de l'abstrait sur le concret des corps. Plus le temps de « perdre du temps » en échanges spontanés et décousus dont sortent pourtant le plus souvent les « idées créatrices », celles qui marquent d'une pierre blanche le chemin du processus collaboratif.

Trop tard !

Combien de réunions à distance terminées par « *conversationus interuptus* » au moment où justement, on aurait pu avoir la sensation d'avoir « trouvé quelque chose » et par là même donné du sens, à la contribution individuelle et à la réussite collective. Alors bien sûr, les bénéfices de la technologie sont nombreux et la demande croissante de télétravail marque une profonde mutation des formes d'interactions en environnement professionnel. Néanmoins, les sessions animées post Covid m'ont renforcé dans la conviction que la « rencontre » d'humains sans écrans interposés, est un gisement potentiel d'énergie extraordinaire de par les émotions (quelles qu'elles soient) qu'elle libère. C'est la force de « l'être ensemble » qui nourrit l'envie et la satisfaction du « faire ensemble », source inépuisable et vivifiante que procure la sensation du dépassement de soi, de la valeur de l'engagement et du sens donnés à nos actions. Tout au long de ma carrière et plus particulièrement aujourd'hui en tant que coach appréciatif, j'ai toujours été surpris par la réaction de dirigeants et de managers totalement bluffés par cette atmosphère pleine d'énergie joyeuse et hautement productive que pouvaient dégager leurs équipes lorsque les « bonnes conditions » étaient réunies.

LES APPLICATIONS PRATIQUES EN ENVIRONNEMENT PROFESSIONNEL

La personne au travail

Que d'émotions négatives et de sentiments de ne pas être à la hauteur et de délivrer les résultats attendus sont le lot quotidien pour beaucoup de gens au travail. Paradoxalement, vu le temps que l'on y consacre, c'est cette activité qui devrait pourtant constituer la source majeure de satisfaction et d'accomplissement personnels. Pour certains, cela se traduit par la répétition d'un geste et la cadence imposés qui donnent un sentiment d'une course sans fin. Pour d'autres, c'est l'enchaînement de réunions vides de sens, de procédures à suivre à l'encontre du besoin réel à satisfaire ou encore de tâches qui diluées dans le magma organisationnel, ne trouvent jamais d'aboutissement. Dans l'Organisation Positive, la personne sait « pourquoi et pour quoi » elle travaille. Elle éprouve régulièrement un sentiment de confiance en sa capacité à atteindre ses objectifs (auto-efficacité). Elle fait preuve de persévérance car le travail qu'elle réalise fait du sens pour elle et l'amène en se dépassant à éprouver en même temps le plaisir du Flow. Au-delà des feedbacks extérieurs reçus, elle ressent la satisfaction de la « mission accomplie », la joie de la partager avec les membres de son équipe et plus largement avec sa communauté d'appartenance lorsque l'organisation contribue au bien commun.

Pratique positive n° 31 : Identifier et développer son GRIT (CRAN)

Pratique positive n° 32 : Développer son Capital Psychologique

Le manager et l'équipe

Plus l'organisation est grande, plus elle est complexe, plus il revient au manager de proximité de créer les conditions favorables à la satisfaction du besoin d'accomplissement du collectif. Par ses croyances, son attitude, ses comportements et sa communication, celui-ci a une influence primordiale sur le sentiment d'accomplissement de son équipe. Dans l'Organisation Positive, ce n'est pas tant ce qu'il fait qui est différent que la manière dont il le fait ! Que cela soit dans la définition des objectifs et du cadre de fonctionnement (règles du jeu) de l'équipe, l'organisation et la répartition des tâches, l'évaluation, l'amélioration et la reconnaissance de la performance, son mantra consiste à associer autant que possible chacun de ses membres en s'appuyant sur leurs Forces de caractère (➢ Clé n° 2). Convaincu que le tout est supérieur à la somme des parties, il attache une grande importance à créer des relations positives (➢ Clé n° 5) et à favoriser les émotions d'accomplissement : excitation, fierté, exaltation, joie, satisfaction, sérénité, gratitude… (➢ Clé n° 3). On ne compte pas les exemples qui illustrent combien trouver du sens à une œuvre collective peut transcender les individus en leur permettant de se hisser au meilleur d'eux-mêmes. **Identifier, favoriser et catalyser les facteurs qui engagent les membres de son équipe à se dépasser au service d'une cause commune est une compétence inestimable pour un manager de proximité** tous les jours confronté aux limites et contraintes imposées par la réalité du terrain.

Par sa posture « appréciative », il est conscient que le retour d'expérience (REX) est la meilleure manière de cultiver et de repousser toujours plus loin les limites de la performance collective à condition que chacun puisse exprimer librement ce qu'il retire de positif des succès comme des échecs. La question pour lui dans ce cas n'est pas de savoir « qui est responsable ? » et « quelle sanction appliquer ? » mais davantage de comprendre la cause de l'échec, « pourquoi est-il survenu ? » et surtout « comment l'anticiper/ l'éviter à l'avenir ? ». Dans un environnement complexe où l'innovation est vitale pour rester dans la course, le manager promeut par son écoute et sa bienveillance l'émergence d'une culture de l'apprentissage (➢ Clé n° 8) là où trop souvent règne encore la culture du blâme. En cela, il favorise la prise d'initiative et l'autonomie de ses collaborateurs au service de la performance collective.

Pratique positive n° 33 : Évaluer et développer les facteurs d'une performance collective optimale

L'organisation

« Ils se marièrent et eurent beaucoup d'enfants... »

Nous sommes d'accord, cela n'existe que dans les contes de fées. Il serait bien sûr caricatural de penser que les personnes travaillant dans l'Organisation Positive ne connaîtraient que succès, fluidité et joie béate et constante au quotidien dans l'exercice de leur activité professionnelle. La voie de « l'accomplissement » qu'elle soit individuelle ou *a fortiori* collective, implique la rencontre de difficultés, d'obstacles, de moments de tension, doute, frustration, colère, tristesse… Autant dire, un chemin pas seulement pavé de roses et de bons sentiments. Le propre de l'Organisation Positive est qu'elle est à même de donner à vivre et d'accompagner celles et ceux qui la composent dans l'expression de leurs Forces de caractère (➢ Clé n° 2), de les réunir autour d'une vision partagée (➢ Clé n° 8), de nourrir le sentiment de fierté et de satisfaction que procure le « faire ensemble » et de cultiver la résilience individuelle et organisationnelle. Ces préoccupations très concrètes sont au cœur de la démarche d'accompagnement du changement organisationnel qu'est l'Exploration appréciative (*Appreciative Inquiry*). Son premier postulat repose sur le principe que chaque entreprise a quelque chose qui fonctionne bien, assure son efficacité et lui assure le succès. Ainsi, découvrir ce qui « lui donne vie » consiste à rechercher son « noyau positif », les « piliers de sa réussite » ou encore ses « forces vitales ». Là où l'approche classique se concentre sur le manque, le déficit, en un mot « le problème », il s'agit au contraire de partir de ce qui a marché dans le passé, des succès remportés, des difficultés surmontées et des compétences et ressources mobilisées pour faire face à l'adversité, voire d'en être sorti plus fort[23].

Comment « se préparer à ne pas être préparé » ?

Une seule certitude aujourd'hui, la prochaine crise d'ampleur sera (elle aussi) inattendue. Les leaders de l'Organisation Positive savent que dans un environnement VICA/BANI, la survie de leur entreprise dépend de sa résilience, soit d'une capacité qui va au-delà de la seule « gestion de crise ». Le paradigme de l'inconnu-inconnu illustré par la crise du Covid-19 par exemple, incite la plupart des dirigeants d'entreprises, et cela quelle que soit leur taille ou leur secteur d'activité, à s'interroger plus sérieusement sur leur capacité à décider et à agir en situations d'incertitude. Finalement, ce sujet relativement récent de la « résilience organisationnelle » peut se résumer à une question fondamentale : Comment « se préparer à ne pas être préparé » ? Complexe, la question soulevée renvoie à de nombreuses expressions de la résilience : psychologique, collective, communautaire, territoriale, économique, sociale, environnementale, digitale… Autant de sources d'imprévus et d'aléas, de micro-événements aux conséquences majeures comme de grands bouleversements de la société. Si ces questions appellent bien sûr des réponses d'ordre « technique » au sens le plus large, elles reposent également sur l'aspect primordial du « facteur humain » qui renvoie à la diversité et la nature du lien social, au sens partagé et à la fierté d'appartenance à l'entreprise.

*Pratique positive n° 34 : L'Exploration appréciative (*Appreciative Inquiry*) pour développer la résilience individuelle et collective*

23. Pagès J. (2014), *Le coaching collectif avec la méthode Appreciative Inquiry : Conduire le changement en s'appuyant sur les réussites*, Éditions Eyrolles.

LES QUESTIONS DU COACH APPRÉCIATIF

- En quoi votre travail vous permet-il de vous réaliser ?
- À quand remonte votre dernière sensation d'avoir « accompli » quelque chose d'important sur le plan professionnel ?
- Comment cette sensation se traduit-elle pour vous ?
- Quel est l'accomplissement professionnel dont vous êtes le plus fier ?
- Avez-vous le sentiment de contribuer à une œuvre collective ?
- Sur quels critères appréciez-vous votre performance ?
- Comment célébrez-vous vos succès ?
- Avez-vous le sentiment d'être reconnu pour votre performance ? Si, oui, pourquoi et comment ?
- Est-ce que votre organisation cultive des moments de célébration et de reconnaissance (authentiques !) des réalisations individuelles et collectives ?
- Comment votre organisation développe-t-elle sa capacité de résilience ?

CLÉ N° 8

Être une « *Great Place to Learn* » : une Organisation Apprenante

« Si le changement est la seule constante à laquelle nous devrions nous attendre dans les relations de travail, nous devons questionner sans cesse le socle culturel des structures organisationnelles traditionnelles, perçues souvent comme rassurantes et comme "allant de soi", mais qui sont souvent inutilement conservatrices ou peu capables de profiter d'événements externes subis. »

Johnson, 1993

En quelques mots...

Comment des managers motivés avec des QI individuels de 120 peuvent-ils constituer une équipe au QI global de 63 ?

Cette question de Peter Senge dans son ouvrage *La 5e Discipline*, traduit assez bien la déperdition, pour ne pas dire le « gâchis d'intelligence » à l'œuvre dans bon nombre de Codir, d'équipes et plus largement de collectifs humains... Érigé en dogme, on a voulu principalement retenir des travaux de Darwin le seul principe de compétition basé sur la loi du plus fort...

Ainsi, d'une part, on a oublié que la vraie teneur de son message mettait davantage en exergue la capacité spécifique d'un être vivant et d'une espèce à s'adapter mieux et plus vite que les autres ; d'autre part, à l'ère d'une complexité exponentielle, des limites d'un modèle économique du « toujours plus à tout prix » et des enjeux environnementaux et sociaux qui se posent à notre espèce à l'échelle globale, il serait sage de se rappeler que pour combattre un Mammouth, il a toujours mieux valu s'y mettre à plusieurs !

Une Organisation Positive est par essence « apprenante » car à l'instar d'un organisme vivant et sain, tous ses membres, à tous les niveaux managériaux, apprennent par la collaboration et la coopération, à développer et améliorer leurs capacités et leurs performances individuelles et collectives.

CE QUE NOUS DIT LA RECHERCHE

Les origines de l'Organisation Apprenante (*Learning Organisation*)

Entre 1942 à 1953, la fondation Macy organise des conférences à New York qui rassemblent un groupe interdisciplinaire de mathématiciens, logiciens, anthropologues, psychologues et économistes dans le but de développer une science générale du fonctionnement de l'esprit. Ces rencontres sont ainsi à l'origine du courant cybernétique, des sciences cognitives et des sciences de l'information. À la fin années 1950, la notion d'apprentissage s'étend à l'organisation dans son ensemble[1]. **Avec le concept d'« apprentissage organisationnel », selon lequel les organisations sont des structures « réactives » car elles accumulent et adaptent leurs connaissances en fonction d'un environnement changeant**, les bases de l'Organisation Apprenante sont posées. Si celle-ci se fonde sur les apports de nombreux champs théoriques et disciplinaires divers (sciences naturelles, approche sociotechnique, management stratégique, gestion des ressources humaines, sociologie des organisations…), certaines recherches ont plus particulièrement joué un rôle majeur dans sa conceptualisation et sa mise en œuvre :

- études sur l'importance de l'apprentissage expérientiel et la nécessité d'une interaction pour réaliser un processus d'apprentissage[2] ;
- travaux sur la « pensée systémique » de Gregory Bateson[3] et Margaret Mead[4] et plus largement de l'école de Palo Alto pour penser la complexité ;

1. March J.G., Simon H.A. (1958), *Organizations*, John Wiley & Sons.
2. Dewey J., & Authentic I.E.L. (1938), *Experiential learning*, New Jersey: Pentice Hall.
3. Bateson G. (1972), « The logical categories of learning and communication », *Steps to an Ecology of Mind*, 279-308.
4. Mead M. (1968), « Cybernetics of cybernetics », in Heinz von Foerster, John D. White, Larry J. Peterson et John K. Russell (1968), *Purposive Systems*, Spartan Books, p. 1-11.

- recherche sur les modèles d'apprentissage en « simple boucle » et en « double boucle »[5] de Chris Argyris, Donald Schön et de leur impact sur l'apprentissage organisationnel[6] ;
- travaux de Kurt Lewin[7] au MIT sur la dynamique de groupe et les notions de « productivité » d'un collectif, les modalités d'appartenance à un groupe, de communication interpersonnelle, de perceptions sociales croisées et de relations entre les groupes ;
- recherche au MIT au début des années 1980 sous l'impulsion d'Arie de Geus, Directeur de la Prospective du Groupe Royal Dutch Shell, sur les fondements de ce que serait « l'organisation du futur »[8].

L'organisation comme un organisme vivant

C'est parce qu'elle est « vivante » que l'organisation peut et doit être « apprenante ». À la fin du XXe siècle, le biologiste Francisco Varela propose la vision de l'organisation comme « *un organisme vivant fait d'êtres humains interconnectés qui, pour survivre, apprennent entre eux à mieux comprendre leur environnement ; ils s'adaptent comme un être collectif vivant* ». Ainsi, dans le langage commun, on parle souvent d'une entreprise comme on le ferait d'une personne : elle naît, grandit, évolue, meurt… Elle a une identité, aujourd'hui une « raison d'être », une mission et des valeurs qui détermine sa cohérence. Elle tisse des relations et des liens avec d'autres entités, elle se nourrit et nourrit son écosystème… Finalement, quel que soit son secteur d'activité et que son objet soit d'ordre lucratif ou non, une organisation vise

5. Argyris C., & Schon D.A. (1974), *Theory in practice: Increasing professional effectiveness*, Jossey-bass.

6. Selon l'hypothèse que l'apprentissage implique la détection et la correction des erreurs : l'apprentissage en « boucle simple » consiste à identifier une nouvelle stratégie qui traitera et fonctionnera dans le cadre des variables existantes. Si cette démarche permet d'améliorer des processus, elle ne remet pas en cause les fondamentaux. En revanche, dans l'apprentissage en « double boucle », les variables elles-mêmes ainsi que les valeurs et les représentations qui les sous-tendent sont remises en question. Dans une Organisation Apprenante, il existe cette capacité à bousculer les présupposés et à apprendre collectivement en « double boucle ».

7. Lewin K. (1997), *Resolving social conflicts and field theory in social science*, American Psychological Association.

8. De Geus A. (2002), *The living company*, Harvard Business Press.

avant tout à « actualiser » son potentiel au service de son développement et idéalement de celui des parties prenantes de son écosystème. Celui-ci ne prendra pas la même forme et ne suivra pas bien sûr les mêmes règles selon que l'on se fait une représentation classique d'une organisation-machine ou une représentation d'une organisation-organisme vivant en perpétuelle évolution. L'une privilégiera l'ordre, les process et le contrôle là ou l'autre tentera de composer avec les deux principes à l'œuvre dans le vivant : **l'ordre et le chaos**. Si les deux modèles ont leurs champions et co-existent, dans un environnement caractérisé par l'instabilité et l'hypercomplexité, l'avantage est donné d'un point de vue biologique à ce qui est agile et capable d'adaptation, voire de mutation rapide. C'est « l'organisation cellulaire » que nous invite à penser Éric Delavallée et qui présente dix caractéristiques :

- un système ouvert sur son écosystème ;
- des équipes auto organisées comme unité de base ;
- les réseaux plus que la hiérarchie ;
- des fonctions supports vraiment orientées clients ;
- des règles pour produire… les règles ;
- à la manière d'un hologramme ;
- un développement par démultiplication ;
- un pilotage intégré à cycles courts ;
- une circulation de l'information directe et transparente ;
- un changement permanent, une transformation silencieuse[9].

Ces principes appliqués dans les organisations sont leurs meilleurs gages de longévité dans un environnement économique toujours plus concurrentiel. À ce titre, l'indice moyen de la durée de vie d'une entreprise du S&P 500 (500 plus grandes capitalisations boursières américaines) est passé de 32 ans en 1965 à un peu moins de 20 ans aujourd'hui, avec une prévision de 16 ans d'ici la fin de cette décennie. Ce qui est dramatique est que la disparition de l'organisme vivant qu'est l'entreprise a une incidence sur l'ensemble de son écosystème que cela soit sur le plan économique, social ou environnemental.

9. Delavallée E. (2021), *S'inspirer du vivant pour organiser l'entreprise : 10 principes opérationnels*, De Boeck Supérieur.

Les fondations de l'Organisation Apprenante (OA)

C'est Peter Senge, chercheur au MIT qui en 1990, conceptualise et popularise le concept d'« Organisation Apprenante » : une « *organisation où les gens développent continuellement leur capacité à créer les résultats qu'ils désirent vraiment, où des modes de pensée nouveaux et expansifs sont nourris, où l'aspiration collective est libérée, et où les personnes apprennent continuellement à voir le tout ensemble*[10] ». Il y a là un véritable enjeu d'existence et de compétitivité dans des environnements toujours plus complexes et instables. De fait, dans ces contextes de crise permanente, si la capacité à apprendre, voire la capacité « d'apprendre à apprendre », est une condition d'épanouissement et de performance pour l'individu et le collectif, elle constitue alors le premier levier stratégique du développement durable de l'organisation. Il ne s'agit pas seulement pour l'Organisation Apprenante de développer un « apprentissage adaptatif » pour seulement survivre, mais bien de **transcender les conditions et les contraintes par un « apprentissage génératif » qui renforce sa capacité à « créer son futur »**. Elle cultive ainsi de façon continue sa capacité à transformer ses logiques de réflexion, d'action, de collaboration et d'organisation.

Ainsi, on fait la différence entre « l'apprentissage » qui se termine une fois l'enseignement considéré comme acquis et la notion « d'apprenance » qui renvoie à un processus sans cesse réactivé que nourrissent l'envie et le besoin d'apprendre en permanence. En transcendant le simple apprentissage, celle-ci rend l'individu et le collectif acteurs non seulement de ce qu'ils apprennent, mais également de la manière dont ils apprennent en les engageant dans un processus constant de réflexivité. Selon Philippe Carré, elle peut se définir comme « *un ensemble stable de dispositions affectives, cognitives et conatives, favorable à l'acte d'apprendre, dans toutes les situations formelles ou informelles, de façon expérientielle ou didactique, autodirigée ou non, intentionnelle ou fortuite* ». Il s'agit de capitaliser sur les expériences de chacun, d'apprendre à partir du partage de celles-ci, d'envisager les scénarios futurs, afin d'accroître la réactivité et le potentiel créatif

10. Senge P.M. (1997), « The fifth discipline », *Measuring Business Excellence*.

des hommes et des organisations[11]. Attitude favorable à l'apprentissage, l'apprenance se rapproche de l'État d'esprit de développement (➢ Clé n° 1). Celle-ci peut s'acquérir et se développer tout au long de la vie pour répondre aux besoins accrus d'agilité, d'innovation et de transformation en alliant la triple perspective d'apprentissage individuel, collectif et organisationnel[12].

Les 5 disciplines de l'Organisation Apprenante

Peter Senge définit les fondamentaux de l'Organisation Apprenante et nous invite donc à la pratique de 5 disciplines qui, travaillées en parallèle, permettent l'émergence de l'Intelligence Collective.

La notion de « discipline » fait ici référence à la capacité d'une personne ou d'une organisation à maîtriser un domaine de connaissance ou de compétence spécifique. Pour Senge, celles-ci sont des pratiques et des approches qui favorisent l'apprentissage continu et la résolution de problèmes complexes pour faire face aux défis et aux changements.

La Maîtrise personnelle

Processus d'apprentissage tout au long de la vie et de développement personnel, elle implique que chacun développe son désir d'apprendre et s'engage à travailler à l'amélioration de soi. Cela nécessite de cultiver deux attitudes :

1. **Clarifier ce qui est vraiment important pour soi** (vision personnelle, intention, valeurs), soit apprendre à « mieux se connaître » ;
2. **Analyser avec lucidité notre réalité quotidienne**, notamment à travers la prise de conscience de nos tendances à la voir à travers nos filtres d'interprétation et nos croyances.

11. Senge P., Hamilton H., & Kania J. (2015), « The dawn of system leadership », *Stanford Social Innovation Review*, *13*(1), 27-33.

12. Arnaud B., Mellet É., & Pierre P. (2020), « Devenir une organisation apprenante, dans M. Barabel, O. Meier, A. Perret, T. Teboul (dir.), *Le Grand Livre de la formation*, Dunod, p. 137-159.

Pour Senge, l'écart entre ce que nous désirons profondément et notre situation présente donne lieu à une « tension créatrice ». Il s'agit dès lors d'entretenir celle-ci dans notre vie car elle est la source d'énergie et de motivation nécessaire pour réaliser notre vision et développer notre capacité à obtenir les résultats que nous désirons vraiment dans notre existence.

Les Modèles mentaux

Cette discipline nous invite à faire émerger et **prendre conscience des croyances, représentations, hypothèses, préjugés que nous entretenons sur nous-mêmes, sur les autres et sur le monde en général**. Le problème : ces Modèles mentaux opèrent généralement à un niveau inconscient. Actifs, ils influent néanmoins profondément sur notre perception de la réalité et impactent nos décisions et nos comportements. Cela nécessite de nous ouvrir à la possibilité d'exercer un regard critique et de les remettre en question si besoin, pour les enrichir et les transformer afin d'ouvrir de nouveaux champs des possibles.

La Vision partagée

Il ne saurait y avoir de grande œuvre collective sans vision partagée ! Il s'agit là de **partager une même vision ou image de l'avenir, de ce que nous désirons créer ensemble pour susciter l'enthousiasme collectif**. Un collectif (équipe, organisation ou système d'organisations) partage et nourrit une vraie « Vision partagée » lorsqu'il :

- a une représentation et une perception fortes de l'objectif commun ;
- est animé d'un intense désir de l'atteindre.

Une Vision partagée et authentique donne une raison d'être et les individus ont l'énergie et la motivation nécessaires pour apprendre et donner le meilleur d'eux-mêmes au service d'une réussite collective. Ils s'y engagent alors non pas parce qu'ils doivent le faire, mais parce qu'ils le désirent et qu'ils se sentent acteurs à part entière et responsables de son accomplissement.

Apprendre en équipe

Cela consiste à **nourrir sans cesse les processus qui permettent à une équipe de réaliser ses objectifs, en accord avec ce qui fait sens pour elle et l'organisation**. Par cette démarche, elle se perfectionne en tant qu'équipe tout en permettant à chacun de ses membres de développer ses propres compétences. Il s'agit de permettre à chacun de s'entraîner à :

- considérer les autres comme des alliés ;
- interroger et suspendre ses modèles mentaux ;
- faciliter le dialogue par l'intervention d'un animateur[13].

La Pensée systémique

« *La Pensée systémique est une discipline qui consiste à voir les phénomènes dans leur intégralité. Elle permet d'étudier les interrelations plutôt que les éléments individuels, d'observer des processus de changement plutôt que des images statiques*[14]. »

La « 5e discipline » nous invite à développer notre capacité à voir le monde et les organisations comme des systèmes vivants, composés d'éléments en interaction. Cela passe par **un changement d'état d'esprit et une sensibilité accrue aux relations subtiles entre les éléments du système afin de détecter les impacts de tout changement sur son ensemble**. Cette nouvelle perspective permet de discerner les interrelations plutôt que les simples rapports et linéaires de cause à effet et de comprendre comment des processus complexes de rétroaction peuvent créer des types de comportement problématiques au sein des organisations. En effet, une « solution ici » est le germe d'un « problème là-bas ». La Pensée systémique consiste donc à développer l'aptitude à repérer et à corriger les dysfonctionnements systémiques de l'organisation.

13. Bohm D. (2003), *The Essential David Bohm*, Psychology Press.

14. Senge P., Hamilton H., & Kania J. (2015), « The dawn of system leadership », *Stanford Social Innovation Review*, *13*(1), 27-33.

Pour Senge, la Pensée systémique repose sur 11 principes :

1. Les problèmes d'aujourd'hui viennent des solutions d'hier.
2. Plus vous poussez dans un sens, plus le système pousse dans l'autre.
3. Les comportements s'améliorent avant d'empirer.
4. La solution de facilité vous ramène au problème de départ.
5. Le remède peut être pire que le mal.
6. Qui va lentement va plus vite.
7. Les causes et les effets ont des rapports lointains dans le temps et dans l'espace.
8. De petits changements peuvent provoquer de grands résultats – mais les domaines à plus fort effet de levier sont souvent les moins évidents.
9. Vous pouvez avoir le beurre et l'argent du beurre, mais pas en même temps.
10. Un éléphant coupé en deux ne fait pas deux petits éléphants.
11. Les reproches ne sont pas de mise. L'extérieur est un mythe. Nous, et la cause de nos problèmes, faisons partie d'un seul et même système.

À MÉDITER...

Se focaliser sur les symptômes visibles ne permet pas de voir les structures sous-jacentes à nos actions, ce qui nous fait passer à côté des problèmes de fond. Ainsi, face à un problème, nous avons tendance à trouver au plus vite des solutions rapides car le temps est devenu une denrée rare, alors que le point de vue systémique est orienté vers la vision à long terme.

CE QUE J'AI APPRIS DE L'EXPÉRIENCE

« Aide-toi... »

Avec « l'amour de l'apprentissage » comme signature de force, apprendre a toujours été pour moi un puissant moteur d'un parcours professionnel riche d'expériences diverses, donc de remise en question(s). Bien présente aussi fut (et est encore à travers cet ouvrage) la notion de « tension créatrice » sûrement inévitable pour un profil de « déviant positif » (➢ Clé n° 9). Ainsi, j'ai toujours tenté de trouver un sens, même si parfois je dois bien l'avouer, celui-ci pouvait laisser place aux doutes et aux interrogations profondes sur l'intérêt de persévérer dans une fonction ou de saisir une opportunité d'évolution qui se présentait. Rien de très surprenant pour quelqu'un dont le père avait trouvé que le souhait de faire des études de philosophie comparée ne pouvait justement se comparer à la bien meilleure option consistant à faire... une école de commerce ! Avec du recul, il m'apparaît que les deux ne sont pas incompatibles, voire que l'expérience pratique prend d'autant plus de relief lorsqu'elle se confronte un jour à la lumière de la théorie. J'ai également eu la chance, pendant de nombreuses années, de baigner dans une organisation qui favorisait la stimulation intellectuelle à travers la recherche de l'excellence dans tous les domaines. Même si le prix en était celui d'une exigence et d'une compétition permanente pour toujours repousser les limites du possible, le mythe du « poète-paysan » cher à l'entreprise, nécessitait de conjuguer le désir de beauté à la rigueur d'une recherche scientifique pour lesquels la curiosité, le besoin et l'envie d'apprendre jouaient un rôle majeur de motivation individuelle et collective.

Des Modèles mentaux…

Il n'y a pas besoin de travailler à l'international pour faire l'expérience de l'interculturel ! Cela dit, concevoir et faciliter des programmes aux quatre coins du monde nécessite une sérieuse envie d'apprendre à se « représenter le monde » à travers les yeux de l'autre. Autrement dit, apprendre à développer son empathie et une forme d'acceptation inconditionnelle que la réalité est « sa réalité » et non celle d'une vision et d'une stratégie corporate conçue en « chambre stérile ». J'ai eu cette chance extraordinaire de découvrir le continent passionnant de l'interculturel et d'apprécier la richesse infinie de nos différences. Comment concilier « ce qui sépare » et « ce qui rassemble » a été une préoccupation majeure pendant de nombreuses années ? Bien sûr pas une réponse toute faite mais plutôt une analogie qui s'est avérée d'une puissance infinie : le solfège ! On peut « partager » le même solfège (le métier par exemple), « jouer » des musiques différentes (marque) et « interpréter » un morceau avec sa touche personnelle (individu).

De la « Vision partagée »…

Au même titre que les valeurs, il semble que le thème de la « Vision partagée » et de ses avantages pour favoriser l'engagement des collaborateurs trouvent aujourd'hui un écho de plus en plus large. Malheureusement, force est de constater qu'encore trop souvent, l'exercice reste l'apanage du Comex ou du Codir qui s'appuie généralement sur un prestataire chargé de « faire passer la pilule », en organisant à la vite quelques ateliers alibis avant que la soi-disant vision partagée retombe en pluie fine sur les opérateurs du système. Autant dire que cela ne trompe personne et que comme les « valeurs affichées » sans réelle concertation préalable des parties prenantes, les résultats obtenus sont rarement à la hauteur des espoirs initiaux. En ce qui me concerne, je suis pour une pleine implication de tous les acteurs concernés dans la co-élaboration de leur désir « d'avenir commun ». C'est toujours une expérience unique que de voir comment s'opère l'alchimie d'un collectif humain qui, parce qu'il réussit à faire émerger son image d'un futur désiré, trouve du sens et nourrit l'engagement à le voir et le faire advenir. À cela bien sûr une condition indispensable, un authentique engagement aussi de la part de la Direction à créer le cadre propice et donner les moyens pour que la vision puisse devenir réalité.

LES APPLICATIONS PRATIQUES EN ENVIRONNEMENT PROFESSIONNEL

La personne au travail

Quels que soit mon rôle dans l'organisation, sa culture, ses modes de fonctionnement et mes contraintes spécifiques, il m'appartient de travailler à ma Maîtrise personnelle en devenant un « praticien réflexif »[15]. Apprendre et développer sa capacité à observer sa manière de penser nécessite de la pratique, de la persévérance à titre individuel, ainsi que des espaces d'expérimentation (lieux et moments) propices à ce « travail sur soi avec les autres ».

En lien avec l'État d'esprit de développement (➢ Clé n° 1), celle-ci va au-delà de l'accumulation d'apprentissages sous la contrainte en vue de l'obtention d'un résultat anticipé, mais caractérise davantage une attitude faite de saine curiosité et d'un engagement volontaire dans un processus infini, source de plaisir et de satisfaction de découvrir de nouvelles facettes de soi, des autres et du monde. C'est également par cette attention portée à ce qui altère ma capacité d'écoute, à ce qui motive mes prises

15. Bamberger J., & Schön D.A. (1983), « Learning as reflective conversation with materials: Notes from work in progress », *Art Education*, *36*(2), 68-73.

de paroles et la forme qu'elles prennent (autoritaire, velléitaire, cynique, victimaire...) et aux feedbacks reçus que je peux identifier les Modèles Mentaux qui « colorent » spontanément mes modes de communications avec les autres au travail.

Pratique positive n° 35 : Mise en pratique Maîtrise personnelle

Le manager et l'équipe

La capacité à « apprendre en équipe » au cœur de la performance

Le développement des compétences est un enjeu majeur pour la DRH. À ce titre, de grandes stratégies ont été développées au niveau organisationnel pour être ensuite déclinées à l'échelle individuelle, le tout supporté par les nouvelles possibilités offertes par le distanciel. Or dans la perspective de « l'organisation vivante » où les individus sont des cellules d'un organisme et où les départements et les équipes sont des organes au service d'une fonction particulière dans un environnement en transformation permanente (l'organisation), on apprend jamais seul mais toujours avec les autres. Ainsi, l'innovation est le plus souvent le « fruit d'une équipe » qui a développé un savoir-faire spécifique, bien sûr, mais aussi un mode de fonctionnement fondé entre autres sur sa capacité à s'interroger, communiquer, coopérer, échouer... Autrement dit une capacité à « apprendre ensemble » ! C'est parce que le talent de l'équipe est supérieur à la somme des talents individuels qu'une « équipe intelligente » non seulement s'adapte, mais au-delà, innove mieux et plus vite que les autres.

Le rôle décisif du manager de proximité pour créer les conditions favorables à l'émergence de l'Intelligence Collective

Par sa posture, son état d'esprit et ses comportements, il s'agit pour lui de :

- développer la capacité du groupe à créer des résultats désirés par chacun de ses membres ;
- créer un sentiment de Sécurité Psychologique où confrontation et soutien puissent être pleinement exprimés ;
- encourager et permettre des pratiques de dialogues authentiques.

Pour ce faire, il lui appartient notamment d'identifier ses « routines défensives » et d'inciter ses collaborateurs à en faire de même. Confronté à l'embarras que provoque une situation que nous ne maîtrisons pas ou par peur de « perdre la face », nous avons tendance à nous protéger du risque d'exposer nos pensées et ressentis. Inconscientes, ces « habitudes de pensées » nous évitent de nous interroger sur la validité de notre raisonnement car admettre que l'on ne sait pas, que l'on peut se tromper ou mal maîtriser un sujet, peut être ressenti comme un aveu de faiblesse ou d'incompétence. Cacher notre ressenti est une routine défensive qui répond à une peur ou une gêne à court terme mais elle peut devenir un remède symptomatique en occultant et aggravant les vrais problèmes au lieu de le résoudre.

Pratique positive n° 36 : Gérer les « routines défensives »

L'organisation

L'Organisation Positive est un « organisme vivant » ! En tant que tel, elle est par essence « apprenante »...

Dans l'esprit de ceux qui y exercent leur leadership, le profit et la croissance sont moins liés à la nature de l'industrie (barrières à l'entrée, structures, besoins de financement, degré de concentration ou de diversification...) qu'à la capacité de l'entreprise à engager un processus original d'accumulation, de consolidation et de combinaison de ses ressources comme des compétences clés. Pendant longtemps, ce qui faisait la force d'une entreprise reposait principalement sur les deux piliers de l'expérience (longévité) et de l'expertise (qualité). Dans un monde où la « disruption » est érigée en nouvelle doxa de la stratégie du turbo capitalisme, un des principes essentiels de la résilience organisationnelle dépend de sa capacité à se repenser et se recréer en permanence. Autrement dit, à réexaminer sans cesse ses croyances et ses modes opératoires, c'est-à-dire à développer une culture où « apprendre à apprendre » est vital pour sa survie. C'est bien cette capacité d'expérimentation et d'investigation du sens et du fonctionnement organisationnel de manière continue, à tous les niveaux hiérarchiques et pour toutes ses parties prenantes qui est en jeu[16]. En faisant de l'apprenance un socle de sa culture partagée, l'Organisation Positive encourage le développement d'une « *attitude dynamique consciente permettant à une personne ou un collectif d'accroître sa capacité à traiter des situations complexes*[17] ».

16. Argyris C. (1996), « Actionable knowledge: Design causality in the service of consequential theory », *The Journal of applied behavioral science*, *32*(4), 390-406.

17. Collignon E. (2019), *La personne apprenante*, Edifusion.

Prendre une décision est un processus d'apprentissage collectif

Dans beaucoup d'organisations, le processus de prise de décision consiste encore pour quelques élus à appliquer à une situation nouvelle leurs connaissances accumulées (au passé), pour ensuite expliquer leurs idées à « ceux qui font » en leur demandant de les exécuter. Or, dans un environnement complexe marqué par le nombre d'acteurs impliqués, mais surtout par la multiplicité exponentielle de leurs interactions, la prise de décision s'apparente davantage à un processus itératif qui « *consiste à chercher en groupe – dans un processus social et linguistique – des solutions nouvelles pour des situations nouvelles*[18] ». C'est ce processus même de prise de décision, qui est à envisager comme le résultat d'une co-élaboration à tous les niveaux de l'organisation consistant à envisager et à appréhender une situation ou une question avec une nouvelle perspective. Dans ce cadre, l'expression du leadership consiste moins à donner des réponses qu'à susciter de nouvelles pistes de réflexion et à stimuler le questionnement de chacun. Le leader est invité à faire preuve d'humilité, à accepter de ne « pas savoir » et à avoir le courage de l'exprimer en renonçant de fait à l'hubris que procure le sentiment (tellement dérisoire) du « *control and command* ».

Pratique positive n° 37 : Évaluer la maturité de son Organisation Apprenante avec l'approche CAP5D de SOL France[19]

18. De Geus A. (1997), *La pérennité des entreprises*, Maxima.

19. SOL France (« *Society for Organizational Learning* » ou Société pour l'Organisation Apprenante), une association à but non lucratif créée en janvier 1999, membre du réseau SOL international issu du MIT de Boston. Elle réunit des praticiens d'entreprises, des associations, des administrations, des chercheurs, des consultants et des étudiants travaillant ensemble à la mise en œuvre des pratiques de l'Organisation Apprenante.

LES QUESTIONS DU COACH APPRÉCIATIF

- Mon organisation propose-t-elle des formations de connaissances de soi/développement personnel/savoir être ?
- La diversité y est-elle reconnue comme un facteur de performance ?
- Au sein de mon équipe/organisation, a-t-on des moments et des méthodes pour questionner nos points de vue respectifs ?
- Mon organisation m'implique dans la co-élaboration d'une Vision partagée ?
- Est-ce que je comprends clairement en quoi mon travail contribue à la réalisation de cette Vision partagée ?
- Est-ce que le feedback est pratiqué à tous les niveaux de l'organisation ?
- Comment apprend-on individuellement et collectivement dans l'organisation ?
- Mon organisation valorise-t-elle le retour d'expérience et l'analyse des erreurs/échecs ?
- Mon organisation m'aide-t-elle à développer mon employabilité ?
- Est-ce un environnement propice à « apprendre ensemble » et plus encore à « apprendre à apprendre » ?

CLÉ N° 9

Encourager la Déviance Positive

« Les gens ne tournent pas le dos aux solutions qu'ils ont eux-mêmes créées ! »

Jon Lloyd

En quelques mots...

Initialement développée dans le champ de l'aide humanitaire, puis reprise par le courant de la Psychologie Organisationnelle Positive (POP), cette approche positive des comportements favorise un vrai changement social. Celle-ci consiste **à identifier et à s'appuyer sur des expériences et des pratiques non conventionnelles qui ont été des réussites dans un contexte donné afin d'en amplifier l'impact.** La « Déviance Positive » part du constat que dans toute organisation ou collectivité humaine, **certains individus obtiennent de meilleurs résultats que d'autres avec les mêmes ressources et les mêmes contraintes**.

Ces personnes ou ces groupes sont appelés « déviants positifs ». S'ils sortent de la norme organisationnelle, c'est par leur mode de pensée et leurs comportements en entreprenant de nouvelles pratiques et en atteignant des performances exceptionnelles.

Dans l'Organisation Positive, on sait que l'innovation de terrain est au moins aussi importante que l'innovation stratégique. Ses Leaders ont confiance dans la capacité et les ressources de leurs collaborateurs « déviants positifs » pour inventer des solutions originales aux obstacles qu'elle rencontre sur le chemin de son développement.

CE QUE NOUS DIT LA RECHERCHE

Les origines du concept : le champ du travail social et de l'action humanitaire

Au début des années 1990, Jerry Sternin, alors directeur du programme Save The Children au Vietnam fait face à un grand défi. Chargé de lutter contre la malnutrition infantile qui sévit dans de nombreux villages, ses fonds alimentaires sont coupés et tous les plans et solutions envisagés tombent à l'eau[1]. Confronté à une situation d'urgence maximale et livré à lui-même, il a l'idée d'aborder les choses sous un angle totalement nouveau. Il pose alors une simple question aux équipes locales : « *Qui parmi vous ont les enfants les mieux nourris ?* » Les réponses permettent de découvrir que là où la plupart suivent la norme et l'habitude, certains ont des comportements non conventionnels pour nourrir leur progéniture. La captation et la transmission de ces pratiques aux autres communautés permettent de baisser la malnutrition de 85 % à 65 % en deux ans. Un résultat plus élevé que tout ce qui avait été envisagé lorsque les fonds d'aide alimentaires étaient encore programmés ! Depuis lors, l'approche de la Déviance Positive s'est étendue à de nombreux domaines : champ médical (diabète, cancer…)[2], management et leadership[3], développement durable[4]…

1. Pascale R., & Monique S.J.S. (2010), *The power of positive deviance*, Harvard Business Press.

2. Zanetti C.A., & Taylor N. (décembre 2016), « Value co-creation in healthcare through positive deviance », *Healthcare* (vol. 4, n° 4, p. 277-281), Elsevier.

3. Setiawan M.A., & Sadiq S. (2013), « A methodology for improving business process performance through positive deviance », *International Journal of Information System Modeling and Design (IJISMD)*, 4(2), 1-22.

4. Herington M.J., Van de Fliert E., Smart S., Greig C., & Lant P.A. (2017), « Rural energy planning remains out-of-step with contemporary paradigms of energy access and development », *Renewable and Sustainable Energy Reviews*, *67*, 1 412-1 419.

L'émergence d'une nouvelle approche du changement social

En 2001, le parrainage de la Fondation Ford permet le lancement de la *Positive Deviance Initiative*[5] dont l'objet est de « ***promouvoir le changement social de l'intérieur vers l'extérieur, tirer parti de la sagesse locale pour un impact mondial*** ». Plus qu'un modèle, cette démarche dictée par la situation sur le terrain est particulièrement efficace lorsque le problème rencontré :

- s'inscrit dans un système social complexe ;
- requiert à la fois un changement social et comportemental ;
- implique des solutions dont le résultat peut être incertain et imprévisible.

De manière traditionnelle, les praticiens accompagnateurs du changement social se concentrent sur les comportements les plus communs dans les organisations qui rencontrent des difficultés pour en comprendre les origines et y apporter des « solutions correctives[6] ». C'est l'approche classique : « problème cherche solution ! » À l'analyse cependant, le constat est que trop souvent devant des défis toujours plus complexes, les méthodes traditionnelles d'accompagnement du changement fondées sur les outils et pratiques des « experts externes » ne marchent plus, voire suscitent le rejet. Le plus souvent, les « acteurs du système » vivent cela comme une disqualification de leurs compétences, voire une défiance des dirigeants à leur égard. Cela sape leur engagement et nourrit la fameuse « résistance au changement ». Le syndrome de la « Best Practice » identifiée à la serpe par l'expert extérieur inconscient de la complexité du système, formalisée en fiche prête à l'emploi et imposée par une hiérarchie loin du terrain ne trompe plus personne. En outre, se concentrer sur les « pratiques standards », autant dire le « médiocre », ne saurait conduire à l'excellence comme en atteste une étude de McKinsey réalisée auprès de plus de 3 000 dirigeants et selon laquelle près de 70 % des accompagnements au changement conduisent à des échecs[7].

5. https://positivedeviance.org

6. Singhal, Shirley, & Holt Marston, 2013.

7. http://gsme.sharif.edu/~change/McKinsey%20Global%20Survey%20Results.pdf

L'approche de la Déviance Positive quant à elle, s'appuie sur l'idée que :

- toute communauté est à même d'identifier ses difficultés si on lui en donne l'opportunité, le temps et les moyens ;
- dans toutes communautés, des « déviants positifs » ont déjà trouvé des solutions adaptées à la situation/problème et à ses contraintes ;
- une fois identifiées, ces pratiques peuvent être transmises (sans être imposées comme les « Best Practices ») et donner lieu à des plans d'action concrets pour promouvoir leur adoption par toutes les parties prenantes concernées ;
- les réussites doivent être communiquées, célébrées et amplifiées stimulant ainsi l'apprenance à tous les niveaux de l'organisation (➢ Clé n° 8).

Ainsi, à l'instar des pratiques de la Psychologie Positive, cette approche se concentre sur les forces du système à travers l'identification et la reconnaissance de celles et de ceux qui, par leurs comportements et leurs actions, sont en « avance de phase[8] ».

La démarche de la Déviance Positive (DP)

Un cadre à poser

Dans la mesure où une démarche de Déviance Positive ne se décrète pas d'en haut, sa mise en œuvre nécessite de réunir un certain nombre de conditions pour favoriser son appropriation par la communauté concernée :

- échanger avec les leaders pour comprendre la représentation qu'ils se font du problème rencontré ;
- s'assurer que l'approche est pertinente à leurs yeux et qu'ils sont prêts à s'y impliquer ;

8. Cameron K.S., & Whetten D.A. (Eds.) (2013), *Organizational effectiveness: A comparison of multiple models*, Academic Press.

- réunir l'ensemble des parties prenantes du système social concerné pour leur présenter l'approche et s'assurer de leur volonté d'y contribuer activement en se l'appropriant ;
- former ou utiliser un réseau existant avec la plus ample représentation possible (non hiérarchique) qui dirigera et animera les différentes étapes de la démarche.

Une approche en 5 étapes[9]

1. Définir le problème, ses causes et les résultats désirés

Il s'agit de répondre collectivement aux questions suivantes :

- Quelle est la nature du problème ?
- Quelles en sont les causes ?
- Quelles en sont les parties prenantes ?
- Quels sont les pratiques et comportements « normaux » ?
- Quels défis se posent-ils ?
- Quels sont les obstacles et les contraintes à surmonter ?
- Quels résultats cherche-t-on à obtenir ?
- Quelles sont les pratiques communes/standards dans la communauté concernée ?

Pour initier la dynamique de l'enquête terrain, les objectifs à ce stade pour les animateurs de la démarche consistent à :

- poser le problème en restant au plus près de la perception et du ressenti du terrain ;
- recadrer ou reformuler le problème tel que perçu par les membres de la communauté[10] ;

9. Avant d'être mise en œuvre, les étapes décrites ci-dessous doivent être adaptées au contexte social et culturel. Selon la culture spécifique, le vocabulaire et les modes de communication doivent être choisis pour expliquer le concept, le problème rencontré et ses causes. En outre, les 5 étapes ne suivent pas nécessairement le même ordre chronologique selon la situation ou le contexte rencontrés.

10. Les débats sont ouverts à tous et les découvertes et résultats partagés en toute transparence.

- collecter les données et informations quantitatives ;
- explorer le problème avec le maximum de personnes concernées pour leur permettre de s'exprimer et de « penser ensemble » pour imaginer des solutions.

> *Remarque*
>
> À cette étape, les leaders doivent résister à la tentation de présenter l'analyse du problème « vu d'en haut » et de respecter la « réalité perçue » par les acteurs du terrain. Il s'agit d'exposer les choses telles qu'elles sont de manière factuelle sans en édulcorer la teneur. L'exposé de la situation se limite aux faits, sans amoindrir leur brutalité éventuelle. Ce sont les acteurs opérationnels qui partagent leur vision, recadrent les enjeux en fonction de leurs expériences personnelles et s'organisent de façon autonome.

2. Identifier et sélectionner les actions, individus ou groupes (modèles positifs) qui ont résolu le problème

Cette étape est cruciale pour le succès de la démarche puisqu'elle consiste à générer la prise de conscience collective que des solutions existent déjà et qu'elles sont le fruit d'actions et/ou de comportements de certains membres de la communauté. Ceux-ci leur permettent d'éviter le problème, mieux le surmonter, le résoudre voire le prévenir. Si la première phase de l'enquête impliquait beaucoup d'échanges et de réflexions collectives, celle-ci incite déjà à « passer à l'action »... Commencer à agir sur la situation problématique engendre de la confiance et « redonne du pouvoir » et de l'espoir. Elle consiste à :

- réunir et mobiliser à travers la constitution de groupes divers concernés par le problème ;
- impliquer le collectif dans l'identification des acteurs ou sources de Déviance Positive (pratiques différentes et efficaces) ;
- partager les enseignements ;
- définir les priorités d'actions.

Fondée sur des données quantitatives et sur les critères que les membres de la communauté ont eux-mêmes définis, une équipe en charge de l'enquête est constituée. Ses membres doivent réunir certaines aptitudes d'Intelligence Sociale comme la capacité de « sonder » pour identifier des comportements positivement efficaces, authentiques et spécifiques. Ainsi au-delà de ce qui est exprimé, les sens de l'écoute et de l'observation sont mobilisés pour pouvoir découvrir les clés du succès chez les individus ou groupes déviants positifs. En général, cette enquête consiste en une interview couplée à une liste de critères à observer en situation réelle. Le plus souvent, l'individu « déviant positif » n'est pas conscient qu'il agit différemment et que c'est justement cette « anomalie » qui contribue à résoudre ou prévenir le problème posé. Il s'agit donc pour l'enquêteur de développer des qualités d'observation différentielles pointues pour détecter ces pratiques hors-norme. Les solutions, comportements ou stratégies (combinaison de plusieurs actions mentales, comportementales et relationnelles) sont souvent extrêmement simples mais difficiles à détecter du point de vue d'un regard d'expert « qui connaît déjà » le problème dans tous ses détails ainsi que les solutions toutes faites. Pendant l'interview, il n'est pas rare de découvrir d'autres personnes qui contribuent aussi à résoudre le problème, d'où la multiplication des individus identifiés à interviewer et donc des solutions potentielles.

3. Développer une initiative

À partir des résultats de l'enquête, il s'agit pour la communauté sous la houlette de ses animateurs de :

- créer la réponse globale et locale à apporter au problème rencontré ;
- définir les actions concrètes à mener sur le terrain (quoi), la manière de faire (comment) et les différentes étapes du projet (quand) ;
- s'accorder sur les critères et indicateurs qui permettront d'évaluer les résultats des actions menées.

À MÉDITER...

Le fait que la solution émerge des acteurs du système est un des facteurs majeurs qui font la force et le succès d'une démarche de Déviance Positive.

4. Diffuser à plus large échelle

C'est bien sûr à ce stade que l'approche de la Déviance Positive prend toute sa dimension d'impact pour entreprendre un vrai changement sociétal durable. À travers la forme la plus adaptée au contexte (culturel, social, géographique, économique…), il s'agit de :

- permettre au plus grand nombre de découvrir les découvertes et enseignements des phases précédentes ;
- favoriser l'appropriation du « nouveau savoir » par le plus grand nombre ;
- encourager la pratique des « nouveaux comportements ».

5. Piloter et évaluer les progrès du projet ou de l'initiative créés par la communauté

Pérenniser et renforcer les bénéfices des nouveaux comportements sociaux et des apprentissages issus de la démarche passe par la capacité dans le temps à :

- apprécier et reconnaître les efforts consentis ;
- mesurer les progrès concrets ;
- célébrer les impacts positifs sur la communauté.

La Déviance Positive en environnement professionnel…

Aussi structurée soit elle, aucune organisation dans un environnement toujours plus complexe et concurrentiel, ne peut échapper au dilemme de l'écart entre le travail prescrit et le travail réel[11]. Ce sont ses normes qui constituent le socle de la « culture d'entreprise », soit un ensemble de règles explicites (*cf.* règlement intérieur, charte, valeurs…) mais aussi et surtout implicites (croyances, codes, attitudes, comportements…), comme le découvre très vite tout nouvel arrivant. Il y a ce qui se fait et ce qui ne se fait pas, ce qui se dit et ce qui ne se dit pas… De manière générale, dans la mesure où la déviance se traduit l'écart par rapport à la norme,

11. Dupuy F. (2014), *Lost in Management. La vie quotidienne des entreprises au xxie siècle : La vie quotidienne des entreprises au xxie siècle*, Média Diffusion.

celle-ci est plutôt source de méfiance, d'incompréhension, voire de rejet. Aussi, pour que celle-ci soit envisagée comme « positive », il faut que le manquement à la règle du collaborateur s'accompagne d'une performance d'une part exceptionnelle et d'autre part proportionnelle à sa prise de liberté par rapport à la norme en vigueur. Il n'est donc pas question ici de cautionner des comportements déviants qui sont des actes opportunistes et illégaux[12], mais plutôt d'identifier, reconnaître et promouvoir ceux dont l'objectif repose sur « *l'amélioration du fonctionnement de l'entreprise, la recherche de sa performance et le rejet de manières de travailler perçues comme inefficaces*[13] ». C'est dans ce cas que la déviance devient alors positive et constitue un facteur essentiel de la capacité de transformation et de développement durable de l'organisation.

À l'origine de l'innovation ordinaire[14]

Pour bon nombre d'entre nous à titre individuel mais aussi pour la plupart des institutions ou organisations, la crise du Covid-19 nous aura demandé de sérieuses remises en question sur nos croyances et modes de fonctionnement. En effet, lorsque tous les protocoles, règles et procédures explosent face à une réalité qui impose ses nouvelles contraintes, l'innovation stratégique et les grands plans de transformation à coup de PowerPoint et de tableaux Excel laisse place à l'adaptation au jour le jour, le système D, l'initiative individuelle et collective : l'innovation au quotidien ! Dans l'urgence et quel que soit le secteur d'activité, pour les opérationnels qui doivent « faire plus avec moins », c'est la Déviance Positive qui permet d'inventer un nouvel outil ou une nouvelle pratique dans un premier temps, puis de la diffuser le plus rapidement et largement possible pour transformer l'invention en innovation. Cette diffusion passe par l'appropriation par les acteurs du système de nouvelles façons de faire qui passe nécessairement par un usage qui s'écarte des prescriptions initiales.

12. Vardi Y., & Wiener Y. (1996), « Misbehavior in organizations: A motivational framework », *Organization science*, 7(2), 151-165.

13. Honoré L. (2006), « Déviance et contrôle des comportements », *Finance Contrôle Stratégie*, 9, p.69.

14. Alter N. (2015), *L'innovation ordinaire*, Presses universitaires de France.

CE QUE J'AI APPRIS DE L'EXPÉRIENCE

« C'est grave Docteur ? »

Tout a commencé le jour où mon N + 1 m'a dit que j'étais « borderline » ! Je ne suis pas certain que ses connaissances en psychologie étaient suffisamment poussées pour mesurer la portée de son propos mais en langage d'entreprise, je compris que cela pouvait être entendu soit comme un compliment sur ma capacité à « bouger les lignes », soit au contraire comme un avertissement et une invitation à « rentrer dans le rang ». Quelque temps plus tard au détour d'une conversation avec une journaliste sur une « initiative originale » que je menais, un autre dirigeant (qui m'appréciait) s'exprima en ma présence en ces termes : « Éric, on le tolère… » On dit qu'un homme averti en vaut deux, en l'occurrence si j'avais encore un doute, je compris plusieurs choses avec cette nouvelle saillie. Cela faisait pourtant près de 20 ans que j'évoluais plutôt avec succès dans une grande organisation. On m'avait confié à chaque fois des missions qui « sortaient du cadre » et dont seul un succès probant et reconnu pouvait assurer que l'on me confie le « job d'après »… Avec du recul, je crois que ce jour-là, un certain nombre de choses, confuses jusqu'alors dans l'analyse de mon parcours, m'apparurent plus clairement :

- la limite était ténue entre ce qui séparait un comportement acceptable d'un comportement inacceptable et de fait, une question de subjectivité ;
- comme certains comportements pouvaient « déranger » les gardiens de l'ordre établi (homéostasie), il fallait bien connaître le système et nourrir les « bonnes alliances » ;
- le non-respect des règles et des procédures pouvait être toléré à condition que la performance soit au-delà des attentes et bien sûr qu'*in fine*, elle contribue à l'organisation de façon positive. Autrement dit, le prix

à payer pour être « non conforme » n'était pas celui de la performance mais de la « sur performance » ;

- si je pouvais prétendre au « pouvoir de », je n'aurais jamais le « pouvoir sur » car cela aurait été reconnaître que l'accès au pouvoir « tolérait », voire impliquer de contourner les règles ! Celui-ci était l'apanage des « performants-conformes » et sûrement pas le terrain de jeu des « performants-non conformes » ;
- si marcher sur des « sentiers non balisés », ouvrir de nouveaux marchés, initier de nouvelles manières de penser et d'agir nécessitait parfois de « tordre la règle » (*bend the rule*), il était hors de question de « casser la règle » (*break the rule*).

« Et on s'en sort comment ? »

Tout cela finit par donner un parcours atypique qui, comme « zezette épouse X », ne rentrait pas bien dans les cases classiques des toutes puissantes « RH ». Demander par exemple à suivre une formation sur l'Approche Centrée sur la Personne de Carl Rogers ou plus tard un Master en Psychologie Positive Appliquée n'était pas « au catalogue »... Suivant l'entreprise dans laquelle on évolue, être un « déviant positif » n'est pas toujours la voie royale d'un plan de carrière tout tracé. Souvent, le besoin de « l'entre-soi » rassurant des directions générales favorise la reproduction de la norme et freine la « pensée divergente » là où plus que jamais, la complexité et l'accélération nécessiteraient de revisiter les schémas mentaux dominants de l'organisation. « Intrapreneur », j'eus la chance pour ma part, d'avoir des supérieurs hiérarchiques qui, globalement, me laissèrent la bride sur le cou. Certains firent preuve de courage en plaidant pour ma cause ou celle de mon équipe lorsque certaines de nos initiatives challengeaient la tradition. Il est vrai que ce que je leur demandais n'était pas si simple... Pris dans les rets des jeux politiques, pas toujours facile de trouver le juste milieu entre laisser la liberté et l'autonomie et préserver la cohérence du tout. Finalement, je crois que ce qui primait était le rapport de confiance et de loyauté instauré et la certitude que tout ce qui était fait ne l'était pas dans un esprit de transgression érigé en principe de fonctionnement, mais paradoxalement peut-être, animé par la volonté de servir au mieux l'institution. En tant que manager, on l'aura donc compris, avoir ce genre de profil dans son équipe peut être une bénédiction comme une source de difficulté majeure, voire de conflit, selon ce sur quoi se fondent sa légitimité et son autorité.

LES APPLICATIONS PRATIQUES EN ENVIRONNEMENT PROFESSIONNEL

La personne au travail

Parce qu'elles ont développé des structures organisationnelles toujours plus complexes et informelles (équipe transverse, organisation matricielle, management agile, externalisation...), les organisations ont souvent « empilé » les normes et règles de procédures comme autant de couches d'un millefeuille indigeste. Difficile dès lors pour le collaborateur d'échapper aux injonctions paradoxales du système et aux conflits de normes. Typiquement, un double rattachement opérationnel et fonctionnel donne lieu à des priorités antagonistes, sources de stress pour le collaborateur qui tente de satisfaire tout le monde. Bien souvent livré à lui-même et à son interprétation de directives contraires, celui-ci n'a plus que trois alternatives possibles :

- se protéger autant que possible en faisant le dos rond pour « ménager la chèvre et le chou » et « passer entre les gouttes ». Autant dire que cela a peu de chance de favoriser la prise de risque, donc l'innovation ;

- s'épuiser tel Sisyphe à répondre à des contraintes toujours plus nombreuses et complexes à satisfaire ;
- trouver/donner un sens aux messages et ordres contradictoires, faire preuve de débrouille et « jouer des contraintes » pour en faire des opportunités d'actions, des espaces de prise de responsabilités et d'initiatives au service de l'organisation.

Pratique positive n° 39 : Identifier et manager les « déviants positifs »

Le « prix à payer » des « déviants positifs »

Suivant l'organisation dans laquelle on évolue, être un « déviant positif » n'est pas toujours la voie royale d'un plan de carrière tout tracé.

Si le mode de fonctionnement, la sensibilité et l'orientation sur le résultat à atteindre requièrent du « déviant positif » qu'il travaille en réseau, il doit dans le même temps faire preuve d'autonomie. Il prend des risques et assume sa responsabilité « d'aller au-delà » dans un cadre qui incline le plus souvent à reproduire la norme et à faire « ce qui est demandé ». Son mantra : garder le contact avec la réalité du terrain et faire sienne la pensée de Schopenhauer selon laquelle : « *Toute vérité franchit trois étapes. D'abord elle est ridiculisée. Ensuite, elle subit une forte opposition. Puis elle est considérée comme ayant toujours été une évidence.* »

Le manager et l'équipe

Parce qu'ils agissent le plus souvent dans les interstices de l'organisation, à sa périphérie, là où la prise d'initiative est possible et en fonction de l'opportunité qui se présente, les « déviants positifs » ont besoin de ressentir de la confiance de la part de leur hiérarchie, d'éprouver la reconnaissance de leur contribution spécifique et de bénéficier de l'autonomie pour s'exprimer et innover. Confrontés au quotidien à l'écart entre le travail prescrit et le travail réel, les managers de proximité sont au cœur de la Déviance

Positive. Quelle que soit leur fonction au sein de l'organisation, tous les managers comptent dans leurs équipes des « déviants positifs » qui, pour « produire » et générer de la performance sont amenés à « sortir du cadre », repousser les limites et inventer de nouveaux chemins. Cela nécessite un savant dosage de « laisser-faire », de confiance et de courage pour les couvrir auprès des sphères dirigeantes et des « gardiens du standard et de la norme », mais aussi de cadrage lorsque ceux-ci se laissent déborder par leur enthousiasme au risque de perdre le sens de l'intérêt collectif.

À la recherche des « déviants positifs »

Ainsi, à la différence des « déviants négatifs » qui travaillent le plus souvent dans l'ombre à saper l'organisation dans ses fondements, les « déviants positifs » se font souvent remarquer par leur énergie authentique, leur liberté de ton quel que soit le lien hiérarchique ou la situation. Avec une capacité prouvée et reconnue « à faire » et une intention positive, les « déviants positifs » visent toujours à améliorer, à simplifier, à satisfaire les attentes des diverses parties impliquées sans perdre de vue la recherche du Bien commun.

Quelques indices pour les repérer :

- on peut les qualifier de socio-perceptifs car « *ils se comportent comme des stratèges opportunistes et réussissent assez bien à piloter leur vie de façon avisée. Leur profil est schématiquement le suivant : dans un environnement complexe et incertain, ils s'orientent en utilisant conjointement leur raison, leurs émotions et leur intuition… Ils cultivent l'intelligence des sociosystèmes et perçoivent les motivations des uns et des autres (personnes ou collectifs) ; ils anticipent les conduites et sentent les latences et les dynamiques qui sous-tendent le cours des choses*[15] » ;
- dans leur environnement professionnel, ils jouissent généralement de la reconnaissance de leurs pairs et (normalement) de leur hiérarchie directe pour la capacité à délivrer systématiquement des résultats exceptionnels par des voies non conventionnelles ;

15. De Vulpian A., & Dupoux-Couturier I. (2019), *Homo sapiens à l'heure de l'intelligence artificielle : la métamorphose humaniste*, Éditions Eyrolles.

- ils démontrent et diffusent un « État d'esprit de développement » (➤ Clé n° 1) orienté solution, toujours prêts à élargir leur zone de confort pour trouver « ce qui marche » à leur niveau bien sûr, mais aussi avec la réelle préoccupation de servir aux mieux les intérêts du système dans son ensemble ;
- ils font preuve de résilience et chaque obstacle ou échecs rencontrés est à leurs yeux une occasion d'en tirer individuellement et collectivement des enseignements et une nouvelle énergie pour rebondir et trouver de nouveaux chemins pour mener à bien leurs projets ;
- leurs facteurs de motivation sont avant tout intrinsèques et auto-concordants : ils cherchent à atteindre leurs objectifs parce qu'ils leur procurent de la satisfaction et qu'ils sont en accord avec leurs valeurs, leurs aspirations et leurs forces ;
- ils ne cherchent pas le « pouvoir sur » mais bien davantage le « pouvoir de » et la reconnaissance dont ils ont besoin de la part de la hiérarchie doit se traduire par une véritable confiance en leur sincérité, leur engagement et la « marge d'autonomie » qu'on leur accorde est souvent plus importante à leurs yeux que les moyens qu'on leur donne ;
- ils sont à l'aise dans les interstices ou à la périphérie de l'organisation, conscients que le prix à payer en temps et en énergie dans les « jeux de pouvoir » nuirait à leur réelle capacité à exprimer leur créativité et à influencer le réel.

Pratique positive n° 39 : Identifier et manager les « déviants positifs »

L'organisation

« On s'en fout, on le fait. »

Richard Branson

Pour beaucoup d'organisations aujourd'hui, la difficulté majeure est de concilier procédures, réglementations, normes et autres exigences de certification en tous genres avec l'indispensable espace de liberté, de créativité, voire de chaos qu'implique le besoin vital d'innover. L'injonction paradoxale rend fou et c'est à peu de chose près ce qui arrive lorsqu'on martèle à longueur de temps aux collaborateurs qu'il faut « sortir de sa zone de confort », « repousser les limites », « être disruptifs » et autres incantations divinatoires tout en créant de vraies « usines à gaz » et des « organisations mille feuillesques » ou tout esprit d'initiative est paralysé par les nouveaux gardiens des temples bureaucratiques. Comment alors, favoriser la Déviance Positive dans l'organisation pour la maintenir « vivante » dans son écosystème ? Comment faire pour que l'approche ne soit pas seulement liée à l'apparition d'un problème à traiter mais une manière de penser et de faire ancrée dans sa culture ? Il semble, comble du paradoxe, que la seule voie consiste à « institutionaliser » cette approche et cela passe par la prise de conscience au plus haut niveau que les process sont eux-mêmes vivants, en évolution constante, et qu'il y a plus à gagner à tous les points de vue à cultiver la confiance dans le mouvement et l'adaptation permanente que dans la pseudo-sécurité de l'immobilisme et du « on a toujours fait comme ça ! »

Encourager la Déviance Positive, pour quoi ?

Comprendre, intégrer et promouvoir la Déviance Positive permet de développer une culture d'entreprise tournée vers des façons de penser, communiquer et agir qui favorise l'innovation. Pour une direction générale, il s'agit donc de maintenir un équilibre délicat entre :

- l'exigence de résultats et le respect des règles : une culture du respect de la règle trop présente aura tendance à inhiber la Déviance Positive et donc l'innovation. À l'inverse, une culture d'entreprise trop centrée sur les résultats selon une logique « la fin justifie les moyens » connaîtra rapidement des problèmes éthiques et juridiques tant avec ses collaborateurs, qu'avec ses clients et fournisseurs ;

- l'ordre et chaos (organisation chaordique) : trop d'ordre paralyse et favorise la répétition du « passé idéalisé » plutôt que la « création du futur souhaité » ; trop de chaos génère une déperdition d'énergie et épuise toutes les ressources de l'organisation.

Un mode de leadership inspiré par l'approche de la Déviance Positive est en rupture complète avec le modèle traditionnel :

- l'attention est portée sur les réussites individuelles (comment font-ils ?) plutôt que sur les dysfonctionnements globaux (pourquoi cela ne fonctionne pas ?) ;
- ce sont les équipes sur le terrain qui ont la responsabilité de détecter les comportements déviants positifs dans l'organisation, d'en élaborer les schémas de démultiplication et d'en établir la manière de mesurer les progrès ;
- ce qui incombe aux leaders est de rassembler des parties prenantes du sujet à traiter, en veillant à ne pas se limiter aux individus directement concernés ni à un seul niveau hiérarchique.

Promouvoir la « Déviance Positive » : le rôle crucial de la DRH

À « profil particulier », « accompagnement particulier » ! Comme nous l'avons vu précédemment, l'accompagnement des personnalités et des motivations spécifiques des « déviants positifs » soulève un certain nombre de questions parmi lesquelles :

- comment les repère-t-on dans l'organisation ?
- quels moyens et quel type de reconnaissance leur donne-t-on ?
- quelle formation spécifique qui est rarement au catalogue ?
- quel mode de management au quotidien ?
- quel type d'évolution professionnelle ?

Pratique positive n° 40 : Faire de l'anomalie une opportunité collective de transformation positive

LES QUESTIONS DU COACH APPRÉCIATIF

- Êtes-vous un(e) « déviant(e) positif(ve) » dans votre équipe, organisation ?
- Respectez-vous scrupuleusement les normes et les procédures ou vous arrive-t-il de les enfreindre pour remplir votre mission et atteindre, voire dépasser les résultats attendus ?
- Comment vivez-vous la sensation d'être « en dehors des clous » ?
- Quel impact cela a-t-il sur votre relation avec vos collègues et votre hiérarchie ?
- Comment votre manager apprécie/reconnaît-il cette attitude et ces comportements ?
- En tient-il compte dans son mode de management à votre égard et dans l'évaluation de votre performance ?
- En tant que manager, comment acceptez-vous les « déviants positifs » ?
- Encourage-t-on la Déviance Positive dans votre organisation ?
- Comment repère-t-on les « déviants positifs » ?
- Comment sont-ils reconnus et encouragés ?

CLÉ N° 10

Promouvoir un Leadership Positif

*« Si vos actions inspirent les autres
à rêver davantage, apprendre davantage, faire davantage,
et devenir davantage, vous êtes un leader. »*

John Quincy Adams

En quelques mots...

Difficile d'imaginer une Organisation Positive sans un Leadership Positif ! Et de la même manière, difficile d'exercer un tel leadership dans une organisation malsaine. Pour beaucoup sans doute, associer ces deux mots paraîtra au mieux incongru parce qu'allant de soi, au pire naïf, voire dangereux et manipulateur, étant donné la « réalité » vécue au quotidien par bon nombre de salariés.

Pourtant, même si la difficulté et la complexité de la tâche se conjuguent pour incarner un « Leadership Positif », on peut penser (et espérer) que pour le commun des mortels, une telle perspective est plus engageante et fait davantage de sens que ce qui consisterait à incarner un exemple remarquable de « Leadership négatif » ! Dans les deux voies cependant, on retrouverait paradoxalement des principes communs : une intention fondée sur une certaine perception et vision du monde, des croyances spécifiques, des comportements et des décisions en conséquence visant à les confirmer...

Dans les deux cas également, cela aurait des conséquences sur les personnes directement et indirectement concernées et leurs réponses en retour aux messages reçus de leurs leaders respectifs... Heureusement, et contrairement à l'adage selon lequel le pouvoir ne saurait aller sans une forme de corruption, **l'Histoire nous enseigne que de tout temps, des leaders ont su émerger et user de leur(s) pouvoir(s) pour servir le bien commun... et cela même dans le « monde des affaires » !**

CE QUE NOUS DIT LA RECHERCHE

Si le thème du leadership est omniprésent dans le monde anglo-saxon, ce n'est qu'assez récemment qu'il a trouvé sa place dans la réflexion des entreprises françaises et des Grandes Écoles comme un vrai sujet d'évaluation et de développement pour les dirigeants ou futurs dirigeants. Cette évolution traduit bien la mutation plus profonde des organisations autrefois fondées sur le mode hiérarchique vertical, vers un mode plus aplatit ou « en réseau » et qui privilégie davantage l'Intelligence Sociale pour imaginer, décider et engager, que le seul charisme ou l'exercice d'un pouvoir de droit.

Retour aux sources : du leader au leadership

Dans le vieil anglais, le verbe « *to lead* » (*leadan*) est d'abord transitif (mener, marcher à la tête de, aller devant comme guide, accompagner et montrer le chemin...). Ce n'est qu'au milieu du XVIe siècle qu'il prend sa forme intransitive (jouer le rôle de chef, prendre la direction...), comme si le glissement s'opérait entre le « faire » et « l'être », celui qui assure une fonction. Avec l'ajout du suffixe « *-ship* », **le leadership renvoie au « *processus par lequel un individu influence un groupe d'individus en vue d'atteindre un objectif partagé*[1]** ». Ainsi, qu'elle soit politique, psychologique ou sociale, cette influence se traduit par des compétences personnelles qui confèrent au leader une différence et lui permettent d'être écouté et suivi par d'autres.

1. Northouse P G. (1999), *Leadership: Theory and practice*, E-Content Generic Vendor, p. XXIII.

À MÉDITER…

Fondé sur l'influence interpersonnelle, le leadership n'a rien à voir avec une position ou un statut !

Le rôle de manager ou le statut de dirigeant ne va pas automatiquement de pair avec un leadership reconnu comme légitime et fondé à obtenir librement la confiance, l'adhésion et l'engagement des collaborateurs pour mettre en œuvre sa stratégie et atteindre ses objectifs.

Des modèles de leadership

De tout temps, la préoccupation de détecter et de développer les compétences du « bon Chef » a alimenté d'innombrables théories et outils de mesure pour comprendre[2] :

- comment les leaders influencent leurs équipes à travers l'évaluation de la fréquence de certains de leurs comportements par ceux qu'ils dirigent ;
- à quel point les leaders sont « efficaces » à travers différents prismes comme la motivation, la reconnaissance de leurs collaborateurs ou bien sûr l'atteinte des objectifs fixés.

Ainsi, le lien a été fait depuis longtemps entre les types de leadership et leurs impacts sur les succès ou les échecs des organisations… Il n'est pas question ici bien sûr d'en faire une liste exhaustive, mais davantage d'en retenir arbitrairement quelques-uns qui ont conduit au modèle plus récent du « Leadership Positif ».

2. Jilinskaya M. (2012), *Approche psychométrique et différentielle de la mesure du leadership par la méthode à 360 degrés : artefact et réalité dans l'hétéro-évaluation*, (Doctoral dissertation, Paris 10).

Les deux grandes orientations du leadership

1. Le leadership inné… ou la théorie des traits

Pour Platon déjà la question est de définir les qualités qui font qu'un individu se distingue en tant que leader, au premier rang desquelles il place la sagesse, la tempérance et le courage[3]. C'est cette idée selon laquelle le leadership repose sur des caractéristiques spécifiques à certains individus sur laquelle se fonde la « Théorie des traits » qui sont même selon certains, héréditaires ! Dominante jusqu'au début des années 1950, cette théorie malgré de nombreuses recherches[4], perd sa popularité faute de résultats probants. C'est dans les années 1980 qu'elle fait un retour fracassant avec le modèle des Big Five ou modèle OCEAN développé par Lewis Goldberg[5], qui évalue les profils de personnalité selon cinq dimensions :

- (O) **Ouverture** : appréciation de l'art, de l'émotion, de l'aventure, des idées peu communes ou des idées nouvelles, curiosité et imagination ;
- (C) **Conscienciosité** : conscience morale, autodiscipline, respect des obligations, organisation plutôt que spontanéité, orientation vers des buts ;
- (E) **Extraversion** : énergie, émotions positives, tendance à chercher la stimulation et la compagnie des autres ;
- (A) **Agréabilité** (amabilité) : tendance à être compatissant et coopératif plutôt que soupçonneux et antagonique envers les autres ;
- (N) **Neuroticisme** ou névrosisme : instabilité émotionnelle, tendance à éprouver facilement des émotions désagréables (colère, inquiétude, vulnérabilité, dépression).

> *Remarque*
>
> Très populaire auprès de bon nombre de consultants et DRH, il est bon de se rappeler en cette ère de testomanie galopante que ce modèle ne constitue pas une théorie, mais « *un repère pour la description et l'étude théorique de la personnalité* ». S'il bénéficie aujourd'hui de toute la puis-

3. Badiou A. (2016), La *République de Platon*, Fayard.

4. Carlyle T. (1993), *On heroes, hero-worship, and the heroic in history* (vol. 1), Univ of California Press. Galton F. (1891), *Hereditary genius*, D. Appleton.

5. Goldberg L.R. (1990), « An alternative "description of personality" : the big-five factor structure », *Journal of personality and social psychology*, *59*(6), 1 216.

sance du Big Data, il ne présente comme tout test, aucune forme d'infaillibilité et doit toujours s'accompagner d'un véritable échange interpersonnel. En outre, son utilisation peut aussi être dévoyée comme l'a démontré le scandale Facebook-Cambridge Analytica[6] et son impact sur les élections américaines ou le Brexit.

2. Le leadership situationnel… La théorie comportementale

En réaction à la théorie des traits, un autre courant de recherche[7] considère qu'au-delà des gênes ou de prédispositions innées, c'est l'Histoire ou certaines situations particulières qui « produisent » les leaders. Il serait donc vain de chercher à en définir un « profil type ». Plus spécifiquement, la « Théorie comportementale » s'intéresse d'une part au style adopté par les leaders en fonction des situations auxquels ils sont confrontés, d'autre part à leurs capacités à en changer lorsque cela s'avère nécessaire. Ainsi, le leadership comportemental met en lumière deux dimensions complémentaires[8] :

- la **considération** : capacité à créer un climat de confiance et inspirer le respect, ce leadership induit une forte dimension humaine en privilégiant les relations ;
- la **structuration** : capacité à définir les rôles et missions de chacun (le sien et celui des collaborateurs), ce leadership accorde la priorité à l'organisation des tâches et à la production.

Une tentative de synthèse : les trois styles de leadership de Kurt Lewin

L'influence prépondérante du psychologue allemand Kurt Lewin (1890-1947) sur le développement de la psychologie dans la première moitié du XXe siècle s'est traduite, entre autres, par sa conception des « champs de forces » que représentent selon lui les situations sociales, à travers les nombreux facteurs qui s'allient et se confrontent en permanence. C'est dans le prolongement

6. https://www.novethic.fr/lexique/detail/cambridge-analytica.html (consulté le 29 décembre 2022)

7. Spencer H. (1882), *The principles of sociology* (vol. 2), D. Appleton.

8. Judge T.A., Piccolo R.F., & Ilies R. (2004), The forgotten ones? The validity of consideration and initiating structure in leadership research, *Journal of applied psychology*, 89(1), 36.

de cette recherche qu'il pose les bases de ce qui deviendra la psychologie du travail dont l'objet est d'étudier les comportements dans l'environnement professionnel. Il décrit trois styles de leadership qui sont :

- liés aux comportements du leader ;
- plus ou moins adapté en fonction de l'environnement socio-émotionnel ;
- différents mais chacun de valeur égale.

Le style autoritaire (autocratique)

AUTORITÉ	PRISE DE DÉCISION	RELATIONS/ CONSIDÉRATION	AVANTAGES	INCONVÉNIENTS
- S'exerce par le contrôle - S'exprime par l'organisation du Qui fait Quoi ?	- Centralisée - Impossible de décider si tout le monde s'exprime	- C'est le règne du « JE » - Pas ou peu de considération car convaincu qu'il « sait mieux » ce qu'il convient de faire - Établir des relations ne présente pas d'intérêt, la seule priorité est que « les choses avancent vite et bien »	- Fonctionne bien lorsque des décisions impopulaires et radicales doivent être prises - Efficace lorsqu'il faut décider dans l'urgence - Peut être adapté parfois avec des débutants	- Manque de souplesse et de capacité à se remettre en question - Cristallise la rancœur, la critique, voire suscite la défiance et la révolte - Ne favorise pas l'expression de l'Intelligence Collective

Remarque

Si le leader autoritaire n'en est pas pour autant désagréable, il a tendance à laisser de côté tout l'aspect émotionnel de son rôle. Cette posture convient tout à fait à un certain type de personne pour lesquelles le travail n'est pas le lieu et le moment pour cela. Ce style de leadership est assez prisé dans les organisations bureaucratiques[9] où un État d'esprit fixe à tendance à prédominer. Lorsque l'autoritarisme s'accompagne du perfectionnisme, tout est réuni pour favoriser une « course à l'échalote » dont le burn-out est l'une des conséquences.

9. Weber M. (2016), « Bureaucracy », In *Social Theory Re-Wired*, Routledge, p. 287-292.

Le style « Laisser-faire » (non interventionniste/délégatif)

AUTORITÉ	PRISE DE DÉCISION	RELATIONS/ CONSIDÉRATION	AVANTAGES	INCONVÉNIENTS
- Ne s'exerce pas - Pas ou très peu de directives - On ne sait pas « Qui fait Quoi ? »	- Chacun décide dans son domaine sans pour autant en assumer les résultats	- C'est le règne du « ILS » - Les relations sont réduites au strict nécessaire - Chacun est centré sur la réussite dans son périmètre	- Laisse la place à l'autonomie et la créativité - Favorise la « réussite individuelle » - Fonctionne bien avec des collaborateurs confirmés et intrinsèquement motivés	- Pas ou peu de feedbacks - Manque de cohérence et faible productivité - Favorise le fonctionnement en silos

Remarque

C'est le style que Lewin considère comme le moins efficace des trois. En même temps, pas surprenant puisque le leader est aux « abonnés absents » ! Cette absence peut vite créer une atmosphère de Saint-Barthélemy permanente à tous les étages. Autant dire que cela ne favorise pas une communication authentique mais plutôt les petits calculs et les alliances politiques pour préserver ou s'arracher quelques morceaux de pouvoir. Dans cet environnement kafkaïen où l'absurde est vécu au quotidien, il est assez naturel de développer des symptômes de *bore-out* (ennui) ou de *brow-out* (manque de sens).

Le Style Participatif (démocratique)

AUTORITÉ	PRISE DE DÉCISION	RELATIONS/ CONSIDÉRATION	AVANTAGES	INCONVÉNIENTS
-Partagée/ Distribuée - Incarnée et présente sans être envahissante, elle doit l'exemple en matière d'Intelligence Sociale et de comportement - On sait « Qui fait Quoi »	- Est prise et assumée suite à concertation à laquelle chacun est convié, écouté ET entendu… - Peut donner lieu à un vote	- C'est le règne du « NOUS » - Au cœur du processus, chacun est considéré pour ce qu'il apporte d'unique à la réalisation collective (Capital humain) - La qualité des « relations humaines » est primordiale car elle précède la qualité du résultat	- La « personne » est au moins aussi importante que ce qu'elle fait : son épanouissement est pris en compte - Favorise la collaboration et la prise de risque	- Une dérive potentielle d'une prise de décision collective peut être l'inaction au risque d'être « d'accord trop tard » - Le risque du « consensus mou » qui ne satisfait finalement personne

Remarque

Si Lewin considérait déjà ce style de leadership comme le plus efficace et si l'évolution de la société et des organisations l'a plutôt confirmé depuis lors, force est de constater que beaucoup de monde sur la planète vit encore dans un paradigme politique et économique où prédominent les styles autoritaires et « laisser faire »… De manière générale cependant, il semble qu'avec la demande de considération et de reconnaissance mais aussi le besoin de sens pour s'engager, une prise de conscience commence à s'opérer sur la nécessité « d'associer » de plus en plus étroitement les salariés à leur devenir.

Le « leader toxique » ou le côté obscur du leadership

La recherche s'est intéressée depuis quelques années à la partie sombre du leadership et à son impact destructeur sur le plan psychologique. Le profil type du leader toxique se traduit par un comportement « *abusif, mesquin, intimidant, tyrannique, imprévisible, narcissique et autoritaire*[10] » ou encore, « *[…] un manquement apparent de souci quant au bien-être de ses subordonnés, un trait de personnalité qui affecte négativement le climat organisationnel et la conviction de ses subordonnés que le leader est principalement motivé par ses intérêts personnels*[11]. » Ses effets dévastateurs se font sentir à plusieurs niveaux :

1. **Personnel :**
   - niveaux de stress plus élevés, une plus faible estime de soi, une plus forte consommation d'alcool et autres anxiolytiques[12].

10. Winn G.L., & Dykes A.C. (2019), « Identifying toxic leadership and building worker resilience », *Professional Safety*, *64*(03), 38-45.

11. Reed George E. et Craig Bullis R. « The Impact of Destructive Leadership on Senior Military Officers and Civilian Employees », extrait de *Armed Forces & Society* 36, n1 (octobre 2009), p. 5-18, http://journals.sagepub.com/doi/abs/10.1177/0095327X09334994.

12. Lian H., Ferris L.D., & Brown D.J. (2012), « Does taking the good with the bad make things worse? How abusive supervision and leader-member exchange interact to impact need satisfaction and organizational deviance », *Organizational Behavior and Human Decision Processes*, 117, 41-52.

2. **Interpersonnel** :

- augmentation des abus envers les pairs et vers « les autres » en général[13] ;
- répercussions sur la vie personnelle et sociale[14].

3. **Organisationnel** :

- irrespect, incivilité, agressivité des leaders toxiques qui, si elle est acceptée, voire cautionnée, devient la norme de ce qui est approprié comme type de comportement au travail. En se propageant dans toute l'organisation par effet de « ruissellement ou d'entraînement », ceux-ci encouragent la « déviance interpersonnelle négative » entre les membres du groupe[15] ;
- climat émotionnel négatif : colère, désespoir, découragement, frustration, pessimisme, agressivité ;
- perte de sens, désengagement physique et émotionnel des collaborateurs, absentéisme, turnover important.

4. **Sociétal :**

- mépris de toutes considérations éthiques et de respect des règles de concurrence et du consommateur[16].

Toute organisation est sujette à la présence de leaders toxiques et malheureusement, ces derniers réussissent en dépit de leurs agissements négatifs à s'élever dans la hiérarchie et cela pour trois raisons majeures :

- un leader toxique n'est pas systématiquement incompétent ! En tout cas, à court terme sa manière de faire peut permettre d'atteindre de bons résultats, voire exceptionnels. Dans des contextes où le court-termisme règne en maître, peu importe la manière car la « fin justifie les moyens », les compétences techniques ou professionnelles prédominent sur les

13. Mawritz M.B., Mayer D.M., Hoobler J.M., Wayne S.J., & Marinova S.V. (2012), « A trickle-down model of abusive supervision », *Personnel Psychology*, 65, 325-357.

14. Carlson D.S., Ferguson M., Perrewe P.L., & Whitten D. (2011), « The fallout from abusive supervision: An examination of subordinates and their partners », *Personnel Psychology*, 64, 937-961.

15. Gallus J.A., Walsh B.M., Van Driel M., Gouge M.C., & Antolic E. (2013), « Intolerable cruelty: A multilevel examination of the impact of toxic leadership on U.S. military units and service members », *Military Psychology*, 25, 588-601.

16. Castille C., & Fultz A. (2018), *How does collaborative cheating emerge? A case study of the Volkswagen emissions scandal*, Proceedings of the 51st Hawaii International Conference on System Sciences.

compétences interpersonnelles et les valeurs… Peu importe si le leader toxique détruit ses équipes, son service ou son organisation

- une hiérarchie aveugle quand elle n'est pas complice ! Justement parce que le leader toxique délivre les résultats attendus ou les surpasse et que ses relations avec son N + 1 sont bonnes, soit celui-ci ne veut ni voir ni entendre les avertissements et les plaintes de ses subordonnés lorsqu'elles lui parviennent, soit il considère ces agissements comme de simples dérives et un mal nécessaire…
- un exercice de l'autorité et un type d'organisation qui ne permet pas d'écouter, d'entendre et surtout d'agir en conséquence lorsqu'un leader toxique est dénoncé. La question est alors : à qui peut-on parler sans risque que cela se retourne contre soi ?

À MÉDITER…

30 % des salariés français déclarent subir un harcèlement moral au travail et 37 % disent avoir été témoin du harcèlement moral d'un collègue !

« *Pour une forte majorité d'entre eux, les brimades sont multiples, répétées et systématiques : comportements, paroles, actes, gestes ou écrits pouvant porter atteinte à leur personnalité, à leur dignité ou à leur intégrité physique et psychologique, mettant en péril leur emploi ou dégradant le climat social.* »

Étude Ipsos : https://www.ipsos.com/fr-fr/trois-salaries-sur-dix-sont-victimes-de-harcelement-moral-au-travail

Les sources du « Leadership Positif »

Si elle est plus récente, cette orientation en matière de recherche a donné lieu à de nombreux modèles qui insistent chacun sur certaines nuances tout en partageant un socle commun. En effet, ils tentent tous de répondre à une question générique : **quels sont les structures et les comportements positifs qui permettent d'assurer le succès des systèmes économiques, politiques et organisationnels dans le respect des individus et la préoccupation de leur plein épanouissement ?**

Dans ses différentes formes, la priorité consiste à adopter des comportements visant à encourager et maintenir un niveau de performance optimale chez les collaborateurs sur la base de cinq principes communs[17] :

- la connaissance de soi du leader ;
- une attitude morale positive ;
- la modélisation positive du comportement des collaborateurs ;
- l'identification personnelle et sociale des collaborateurs au leader et au groupe ;
- des échanges sociaux positifs entre le leader et ses collaborateurs.

Des principes généraux qui semblent bien en phase avec les attentes exprimées par les cadres français à l'égard de leurs managers en termes de leadership[18] :

- savoir considérer et soutenir ses équipes ;
- savoir fixer des objectifs motivants, gagnant-gagnant ;
- savoir communiquer avec charisme ;
- se connaître et agir de façon authentique ;
- faire preuve d'intégrité morale.

Dans ce contexte, le leader peut être :

➢ **Transformationnel**[19]

  - **Caractéristique** : capacité à inciter ses collaborateurs à transcender leurs propres intérêts individuels et à guider leurs comportements pour atteindre des objectifs collectifs.
  - **Qualités** : conscience de soi, attention à l'autre, perspective, exemplarité, inspiration, rôle modèle.
  - **Impact positifs** : engagement des collaborateurs, motivation et exécution efficace des tâches, performance globale de l'organisation.

17. Avolio B.J., Gardner W.L., Walumbwa F.O., Luthans F., & May D.R. (2004), « Unlocking the mask: A look at the process by which authentic leaders impact follower attitudes and behaviors ». *The leadership quarterly*, *15*(6), 801-823.

18. Petit V., & Delanghe M. (2015). *La revolution du leadership. Bilan du leadership dans les entreprises française et portrait du leader français, EDHEC Executive Education, Newsletter VISION.*

19. Bass B.M., Waldman D.A., Avolio B.J., & Bebb M. (1987), « Transformational leadership and the falling dominoes effect », *Group & Organization Studies*, *12*(1), 73-87.

➢ **Serviteur**[20]

- **Caractéristiques :** place les besoins, les aspirations et les intérêts de ses collaborateurs au-dessus des siens. Choisit délibérément de se mettre au service des autres pour les aider à réaliser leur développement et assurer le succès de l'organisation.
- **Qualités** : altruisme, humilité, empathie, compassion, socialement responsable.
- **Impacts positifs** : épanouissement et efficacité des collaborateurs, solidarité, comportements prosociaux, environnement organisationnel positif.

➢ **Authentique**[21]

- **Caractéristiques** : basé sur des convictions morales profondes, son comportement est fortement inspiré par des principes éthiques au profit du groupe.
- **Qualités** : très haut niveau de conscience de ses pensées, émotions, compétences et de son système de valeurs. Il a une fine perception des autres, cultive un fort niveau de confiance, d'optimisme, d'espoir, de résilience et de force morale. Capable d'auto-régulation, il reste fidèle à ses valeurs et il est prêt à en payer le prix.
- **Impacts positifs :** suscite une contagion émotionnelle et un échange social basé sur la réciprocité et la cohérence par son rôle modèle d'un comportement positif. C'est l'interaction et la qualité des relations entre tous les acteurs du système qui crée un avantage compétitif organisationnel durable avec des résultats psychologiques positifs pour chacun.

Le « Leadership Positif »

Initié par le psychologue Fred Luthans, un premier courant de recherche s'est intéressé aux Comportements organisationnels positifs (*Positive Organizational Behavior*) à travers les forces individuelles et plus spécifiquement les quatre qui composent le Capital Psychologique : optimisme, espoir,

20. Greenleaf R.K. (1977), *Servant Leadership, A Journey into the Nature of Legitimate Power and Greatness*, Paulist Press.

21. Luthans F., & Avolio B.J. (2003), « Authentic leadership development », *Positive organizational scholarship*, 241, 258.

auto-efficacité, résilience (➢ Clé n° 7). Le second, l'Étude organisationnelle positive (*Positive Organizational Scholarship*), initiée par Kim Cameron, se concentre sur les aspects positifs du contexte organisationnel et leurs effets sur la santé, les attitudes et les comportements des collaborateurs.

➢ Un leadership héliotropique !

Inspiré par la biologie, il repose sur l'idée que tout organisme vivant tend naturellement vers le positif, ce qui « donne de l'énergie », et rejette ce qui « prend de l'énergie »... L'impact de cette énergie positive du leader se traduit sur les collaborateurs par de nombreux bénéfices tels que[22] :

- la satisfaction au travail ;
- l'engagement ;
- meilleure santé physique, psychologique et émotionnelle ;
- meilleures relations interpersonnelles ;
- plus grande capacité à apprendre ;
- meilleurs résultats en termes de productivité et de profit.

Plus généralement, il s'agit « *d'identifier ce qui permet aux personnes de s'épanouir, de fonctionner de manière optimale, et par le fait même de créer un "retour sur investissement" en termes de performance pour les organisations*[23]. »

➢ La recherche de la « Déviance Positive » comme credo

Le « Leadership Positif » ne consiste pas à ignorer ou minimiser les problèmes et les difficultés mais davantage à se concentrer résolument sur les forces et les vertus, pour viser l'excellence de ce qu'un groupe humain peut réaliser lorsqu'il « fait du bien et qu'il le fait bien » (« *Do good, do well* »). Ce focus sur le positif n'est pas l'approche classique de la grande majorité des dirigeants. Heureusement pour un nombre croissant d'entre eux, cette voie est celle qui confère du sens à leur engagement à favoriser l'épanouissement humain et à atteindre des niveaux de performance

22. Cameron K. (2013), *Practicing positive leadership: Tools and techniques that create extraordinary results*, Berrett-Koehler Publishers.

23. Bernaud J.-L., Desrumaux P., & Guedon D. (2016), *Psychologie de la bientraitance professionnelle ; concepts, modèles et dispositifs*, Dunod.

inhabituellement élevés. Pour ceux-là, il ne s'agit pas seulement de « régler des problèmes » ou de maintenir le statu quo, mais bien de transcender les croyances limitantes à tous les niveaux, pour que chacun puisse éprouver la joie et la profonde satisfaction de s'accomplir pleinement. Sur la base d'un continuum (*cf.* figure ci-dessous) sur lequel tous les leaders pourraient être situés, les leaders positifs seraient orientés vers un extrême positif. Dans ce cadre, le Leadership Positif réunit trois composantes essentielles[24] :

- une croyance au « potentiel humain » fondé sur les Forces de caractère (➢ Clé n° 2) et les capacités des individus ;
- la recherche de « résultats extraordinaires », fruits de performances individuelles et collectives supérieures à la moyenne (➢ Clé n° 9) ;
- un champ d'action concentré sur les composantes qui peuvent être considérées comme des vertus essentielles de la condition humaine (gratitude, pardon, compassion…) (➢ Clé n° 3).

Le continuum de la Déviance Positive

Niveau individuel

Physiologique	Maladie	Santé	Bien être
Psychologique	Maladie	Santé	Flow
	Déviance négative	**Normal**	**Déviance positive**

Niveau organisationnel

Efficacité	Inefficace	Efficace	Excellent
Efficience	Inefficient	Efficient	Extraordinaire
Qualité	Sujette à l'erreur	Fiable	Parfait
Éthique	Non éthique	Éthique	Bienveillance
Relations	Nocives	Aidantes	À honorer
Adaptation	Menace-Rigidité	Fait face	S'épanouit
Revenus	Pertes	Profits	Abondance
Orientations	**Résolution de problème**		**Cycle vertueux**

24. Wooten L.P., & Cameron K.S. (2009), Enablers of a positive strategy: Positively deviant leadership, *in* Nicola Garcea, Susan Harrington, and P. Alex Linley (eds), *Oxford Handbook of Positive Psychology and Work*, Oxford Library of Psychology..

Les quatre stratégies du leader positif

Depuis plus de trente ans, la recherche empirique sur le sujet a identifié quatre stratégies[25] interdépendantes qui sont autant de pistes pour celles et ceux qui souhaitent mettre en œuvre un « Leadership Positif » :

- Créer un climat positif (➢ Clé n° 1) ;
- Entretenir et susciter des relations positives (➢ Clé n° 5) ;
- Établir une communication positive (➢ Clé n° 3) ;
- Faire émerger un « sens positif » pour l'organisation (➢ Clé n° 6).

> *Remarque*
>
> Les différentes clés abordées dans cet ouvrage supportent naturellement chacune de ces quatre stratégies au cœur de l'Organisation Positive.

CE QUE J'AI APPRIS DE L'EXPÉRIENCE

« C'est au fruit que l'on reconnaît l'arbre ! »

On peut lire des tas de manuels, passer tous les tests imaginables, faire appel à des coaches pour travailler sur soi… le seul critère de jugement d'un manager tient, selon moi, au fait qu'interrogés sur ce qu'ils retirent à son contact, ses collaborateurs expriment qu'ils ont fait l'expérience de « grandir » ou non. Dans certains cas, cela peut se traduire par l'acquisition

25. *Ibid.*

de compétences professionnelles ; dans d'autres, cela peut être plus personnel et s'apparenter à une forme d'exemple à suivre, pas seulement par « ce qu'il fait », mais aussi par « ce qu'il est ». En ce qui me concerne, j'ai eu la chance d'avoir ce type de relations avec certains de mes managers. Souvent, cela s'est traduit par des situations ou des « moments de vérité » où, au-delà du rapport hiérarchique, l'homme ou la femme apparaissait autant dans ses forces que dans sa vulnérabilité. Avec du recul, je me rends compte que ce qui était essentiel à mes yeux était de ressentir une recherche de sens et de cohérence, tant dans le processus de prise de décision que dans le comportement « en action ». Au-delà des mots et du discours, ce qui était essentiel à mes yeux était d'« éprouver » de la sincérité. Commercial ou cadre commercial, combien de soirées dans des chambres d'hôtel à décoder, analyser, critiquer mais aussi finalement à « s'engager » derrière celui ou celle qui savaient toucher chez nous la « corde sensible » et nous donner envie d'aller décrocher la lune !

« Chef oui Chef ! »

À l'inverse aussi, j'ai connu bien sûr quelques spécimens de managers qu'il n'aurait pas fallu inviter… Qu'il soit en charge d'un département, d'une équipe, voire à la tête de l'organisation, je confirme que le monarque n'est pas qu'un papillon et il prospère encore dans les entreprises, institutions, associations… Le paradoxe (mais en est-ce bien un finalement ?) tient au fait que s'il génère de la souffrance au quotidien pour certains, il favorise aussi l'émergence de « chefaillons zélés » et de comportements serviles, comme à la cour du roi. Alors, comme dans une pièce de théâtre Shakespearienne, les intrigues, les calculs, les trahisons, retournements de veste et autres comportements dictés par les luttes d'ego sont la triste représentation de la comédie humaine. Souvent (mais heureusement il y a des exceptions), l'intensité de la lutte est d'autant plus forte, bien sûr, que l'on s'approche du cœur du pouvoir où le « climat de confiance » tient davantage de l'atmosphère de *Petits meurtres entre amis*. Mon expérience de ce genre d'écosystème est que s'il peut générer de la performance un temps, l'énergie qu'il dévore pour se maintenir finit tôt ou tard par se tarir… Les « meilleurs » sont les premiers à quitter le navire, le clan ne survit qu'au prix de l'éradication de toute forme de diversité, ceux qui restent sont soumis ou apathiques et, un jour, le « corps malade » laisse place à une nouvelle « forme de vie ».

Le Leadership Positif ne se décrète pas et ce n'est pas une science exacte !

En tant que coach appréciatif, je suis parfois sidéré de constater à quel point la même « toute puissance » à l'origine des problèmes est celle qui décide un jour qu'à partir de désormais, le « nous » est entré dans l'ère de la sirupeuse mais très *trendy* bienveillance ou, pire encore, du « bonheur au travail » qu'illustre trop souvent la nomination d'un Chief Happiness Officer qui, tel Don Quichotte, combat ces moulins des fantasmes du « bonheur au travail »… L'expérience pratique que j'ai du Leadership Positif répond à un choix et un engagement personnel du dirigeant à « garder le cap », et cela quelles que soient les difficultés. Fruit d'une alchimie toujours en mouvement, il se nourrit de vision et de passion, mais aussi d'humilité et de la volonté d'apprendre de soi-même et des autres. Il nécessite de prendre conscience et de développer les trois formes d'intelligence : cognitive, sociale et émotionnelle. Enfin, s'il existe quelques êtres d'exception capables à eux seuls d'impulser une transformation organisationnelle positive, force est de constater que certaines cultures d'entreprises sont plus favorables à l'émergence et à la diffusion de ce type de Leadership Positif.

LES QUALITÉS TOUJOURS « EN DÉVELOPPEMENT » DU LEADER POSITIF

L'humain étant par nature complexe et les contextes culturels, économiques, sociaux changeants, définir une liste précise et définitive des qualités et compétences d'un leader positif serait une gageure. Néanmoins, en dehors des compétences techniques qui peuvent être requises dans certains domaines spécifiques, tant la recherche théorique que le bon sens et l'expérience, laisse entrevoir des conditions de plus en plus nécessaires pour qui veut prétendre exercer un Leadership Positif dans son environnement professionnel.

À ce stade, nous considérons qu'être un leader n'est pas l'apanage d'un rôle de dirigeant mais bien une posture et des comportements que chacun peut incarner, et cela quels que soient son statut et sa fonction dans l'entreprise. Si les qualités à développer pourraient vite tourner au catalogue à la Prévert, certaines nous apparaissent cependant indispensables à dresser ce qui pourrait ressembler au portrait-robot d'un leader positif.

WANTED
LEADER POSITIF

Leader de Soi

Avant d'être un leader pour les autres, le Leader Positif l'est d'abord pour lui-même. On le reconnaît à la conscience qu'il a de lui-même, de ses pensées, ses émotions, ses comportements et de leur influence sur les autres. Conscient de son devoir d'exemplarité, il ne se condamne pas à la perfection mais il apprend à cultiver son authenticité. Pour cela, il connaît et incarne ses valeurs, s'appuie sur ses Forces de caractère et démontre un sens éthique et moral cohérent.
Apprendre sur lui-même et sur les autres est au cœur de son « projet de vie ».

Energisant

La marque de fabrique d'un Leader Positif est que chaque interaction avec lui, se traduit par la sensation d'être plein d'une énergie communicative et de confiance en ses propres capacités à relever les défis. Il sait saisir et exprimer les émotions dans l'air, même difficiles, pour générer l'enthousiasme et stimuler l'engagement et la volonté d'accomplissement tant sur le plan individuel que collectif.

Au Service

Conscient de ses responsabilités à l'égard de ceux qui l'accompagnent, il se préoccupe de créer le « bon environnement » pour qu'ils se réalisent et réussissent à faire de leur « vision partagée » une œuvre collective qui contribue au Bien Commun. Reconnu pour son humilité qui se traduit autant par ce qu'il dit que par ce qu'il fait, il encourage l'autonomie et la prise de responsabilité autour de lui.

Directeur

Lorsque la situation le demande, il sait donner à chacun en fonction de ses capacités, un cap à suivre et des directives claires. Il privilégie la réflexion et prise de décision collective mais il est aussi capable de « décider », d'assumer ses décisions et de faire amende honorable s'il réalise a posteriori son erreur.

Empathique

Conscient de ses propres limites, il démontre de l'empathie, fait preuve d'altruisme et incite chacun à se transcender. C'est parce qu'il est empathique qu'il peut aussi être pleinement authentique lorsqu'il formule un feedback, *a fortiori* lorsque celui-ci est plus difficile à entendre.

Reconnaissant

Le « Leader Positif » sait qu'il ne peut rien tout seul ! Il connaît, « apprécie » et valorise les Forces de caractère de tous ses collaborateurs. Par ses mots et ses actes, il sait reconnaître l'engagement et la performance. Il est pour lui naturel et spontané d'exprimer sa gratitude en privé ou en public.

WANTED
LEADER POSITIF

Patient

Responsable à l'égard de ceux auprès desquels il prend des engagements, il est « conscient du temps » lorsqu'il accepte les objectifs qu'on lui fixe et *a fortiori* lorsqu'il les donne à ses collaborateurs. Le mode urgence ne peut pas être durablement le mode de fonctionnement au risque de se brûler ou de brûler les autres ; il sait s'accorder et accorder des pauses pour respirer, « sortir la tête du guidon » et changer de stratégie si besoin. Il sait qu'un débutant à besoin de temps pour acquérir un savoir-faire, il sait que changer la culture d'une organisation ne se fait pas à marche forcée, il inscrit son action dans le temps et la transmission.

Optimiste

Il n'est aucunement question pour lui de « faire comme si » les problèmes n'existaient pas... En revanche, il envisage toujours une issue positive car fort d'un État d'esprit de développement, il sait que toute situation est porteuse d'un enseignement. Sa confiance en sa capacité et celles de ceux qui l'entourent à relever les défis est contagieuse et elle est porteuse d'espoir dans les moments difficiles.

Sécurisant

Le Leader Positif n'a pas besoin d'asseoir son autorité auprès de ses collaborateurs en jouant sur la peur et le stress. Au lieu de se focaliser sur la « peur d'échouer » et l'évitement, il se concentre d'abord sur les facteurs de réussite et accueille avec curiosité et confiance ce qui vient... Pour lui, il ne peut y avoir d'Intelligence Collective et donc d'innovation dans l'organisation sans un fort sentiment de Sécurité Psychologique et son comportement à ce titre est décisif.

Inspirant

Préoccupé par l'impact de son travail, il a besoin d'y « donner du sens » et de le communiquer en faisant comprendre et ressentir à chacun ce en quoi sa contribution spécifique est précieuse pour la réussite de l'œuvre collective au service d'une finalité qui prend en compte le bien commun.

Tenace

La capacité à tenir ses engagements quels que soient les obstacles sur sa route est une qualité fondamentale du Leader Positif. Il ne s'agit pas ici d'obstination butée et bornée nourrie par l'ego et la réussite à tout prix mais bien de la constance dans l'effort et l'opiniâtreté indispensables à l'accomplissement de grandes et belles réalisations...

Intègre

Le Leader Positif ne se donne pas pour objectif d'incarner une forme de perfection inhumaine inaccessible mais conscient de sa « valeur d'exemple », il cultive une exigence d'honnêteté et de droiture à l'égard de lui-même et de ceux qui l'entourent. C'est aussi ce qui nourrit son authenticité et ce qui inspire les autres à donner le meilleur d'eux-mêmes.

Flexible

S'il a des convictions, il ne prétend pas détenir « la vérité » ! Capable de remise en question, il cherche à stimuler l'expression de « l'Intelligence Collective » pour relever les défis de la complexité. Sa quête perpétuelle : trouver le bon dosage entre ce qu'il faut de structure et de règles pour sécuriser et de chaos ou de « laisser faire » pour innover.

LES QUESTIONS DU COACH APPRÉCIATIF

- Qu'est-ce qu'est le leadership pour moi ?
- Quelles sont les figures de leaders (pas seulement célèbres) qui m'inspirent et pourquoi ?
- En quoi fais-je preuve de leadership quel que soit mon rôle au sein de l'entreprise ?
- Quelles sont mes forces en tant que leader ?
- Quelles sont les motivations qui m'animent ?
- Sur quelles valeurs se fonde mon leadership ?
- Quelles sont les responsabilités que cela représente à mes yeux ?
- Quelles sont les limites que je m'impose ans l'exercice de mon leadership ?
- Comment est-il perçu et reconnu par mes collaborateurs, mes pairs, mes n + 1 ?
- Sur quoi ai-je besoin de travailler pour être un meilleur leader ?
- Quel est le modèle de leadership qui est promu dans mon organisation ?
- Comment mon organisation gère-t-elle les « leaders toxiques » ?

Conclusion

Si vous êtes en train de lire ces lignes, c'est soit que vous aimez connaître la fin de l'histoire avant de l'avoir commencée, soit parce qu'animé(e) d'un État d'esprit de développement, vous avez peut-être été intrigué(e), parfois interpellé(e), voire même challengé(e) sur vos croyances ou vos pratiques en environnement professionnel. Dans les deux cas, merci pour votre intérêt ! Alors, si l'on peut bien sûr aspirer à voir émerger des « Organisations Positives » par sens moral ou par idéalisme, ce n'est pas de cela qu'il s'agit ici. Il n'est pas question non plus, bien sûr, de prôner une forme de « *happywashing* » en vogue dans certaines entreprises où les sourires et les rituels ne sont que grimaces et tentatives pathétiques de créer des diversions pour mieux masquer les problèmes d'organisation du travail ou d'iniquités, qui ne trompent personne. Non, très concrètement, le fait est qu'aujourd'hui plus que jamais, certaines entreprises sont bien plus puissantes que nombre d'États. D'autres le sont à l'échelle de leur écosystème national ou local... Dans tous les cas et quelles que soient leur taille et leur activité, l'impact et donc la responsabilité de chacune, est engagée à « choisir le chemin » de son développement.

Ainsi, plus que sur le plan moral qui n'est finalement qu'une question de subjectivité et de croyances, il pourrait être plus pertinent comme on juge « l'arbre par ses fruits », d'évaluer l'organisation ou l'institution sur sa contribution à favoriser un épanouissement sain autant pour celles et ceux qui la composent, que sur l'ensemble de son écosystème économique, social et environnemental.

Les preuves qui s'accumulent depuis des années maintenant, démontrent que certaines façons de penser et d'agir sont plus propices à une performance durable que d'autres. Au-delà des structures physiques, du capital financier, des produits, des process, du logo... ce sont les hommes et les femmes qui nourrissent les organisations de leurs intelligences, leurs compétences et plus important encore leur « énergie de vie » ! Ainsi, par leur engagement ou leur désengagement, tous concourent collectivement à emprunter un chemin plus ou moins vertueux pour qu'elles atteignent leurs objectifs et qu'elles répondent à leur finalité.

Si comme nous l'avons envisagé initialement, nous acceptons de penser l'entreprise comme un « organisme vivant », l'étape suivante de l'analogie est de la concevoir comme organe de la société dans son ensemble… Nous en serions alors des cellules qui, par leurs croyances et leurs actions, contribueraient à la santé et donc à l'avenir ou non de cet organisme. Voilà une manière d'envisager « le travail », pas seulement (même si c'est essentiel bien sûr) comme une source de satisfaction matérielle, mais aussi comme une source d'épanouissement personnel et de contribution positive au sens large à la société dans son ensemble. Il n'est ainsi pas question de verser dans un optimisme béat et de penser « l'Organisation Positive » comme solution à tous les maux qui affectent le sens et la qualité du travail, et donc de la société. Néanmoins, on peut tout de même « choisir » de travailler à une « contagion positive » de nos organisations et de nos institutions et considérer, à l'instar d'Edgar Morin, que « *le renoncement au meilleur des mondes n'est nullement le renoncement à un monde meilleur*[1] ».

1. E. Morin, *Encore un moment…*, Paris, Éditions Denoël, 2023.

Postface

Finalement quand on est universitaire, on est dans une position confortable. On observe des choses sur le terrain, dans la presse, dans des rapports... Cela croise nos problématiques de recherches et à partir de là, on construit un objet de recherche qui va donner lieu à des problématiques, des hypothèses, des observations, des recueils de données, leur traitement et une discussion. Dans le meilleur des cas, l'ensemble se traduit par des publications dont l'objectif, au final, au-delà de la production scientifique, revient à faire des recommandations. Autrement dit une liste de « y a qu'à... faut qu'on... » tout à fait pertinente mais parfois détachée du contexte. Ce qui est décrit et recommandé n'est parfois pas si simple... Bien évidemment, en tant que chercheurs, nous prenons beaucoup de précautions mais nous n'avons parfois pas l'expérience du terrain que nous observons. Dans le cas de l'entreprise, de nombreux chercheurs produisent énormément de connaissances fondées sur des arguments très sérieux mais il n'en demeure pas moins qu'ils sont toujours hypothétiques. L'énorme avantage d'Éric Mellet, et c'est ce qui transpire au travers de cet ouvrage, c'est qu'il a non seulement développé des compétences en termes de recherche mais surtout qu'il a des expériences très poussées de l'environnement de l'entreprise. L'introduction dans laquelle il évoque rapidement son passé d'opérationnel est suffisamment éloquente. La connaissance s'acquiert. La compétence se construit. Mais l'expérience professionnelle, elle, se vit ! C'est sur la capitalisation de son expérience professionnelle, sur ses interrogations, qu'il a construit sa réflexion qui l'a conduit à une reprise d'études dans une logique pratiques professionnelles/questionnements théoriques.

Nos chemins se sont croisés lors de son cursus dans le *Master of Applied Positive Psychology* de l'université de Anglia Ruskin Cambridge. Il a su développer un ensemble de compétences à la fois en termes de connaissances théoriques et pratiques en lien avec la Psychologie Positive appliquée à l'entreprise, mais aussi en termes de méthodologie de recherche. Il a su capitaliser sur sa grande expérience en tant qu'opérationnel dans de grandes entreprises de renommées mondiales. Il a interrogé ses pratiques et son vécu au travers du prisme de certains éléments théoriques issus de la Psychologie Positive. En retour, il propose cet ouvrage pratique, étayé scientifiquement, d'un grand intérêt pour les opérationnels tel qu'il l'a été.

Dès lors, il est aisé de constater la grande crédibilité des propos développés dans cet ouvrage. C'est ce qui fait sa légitimité, sa pertinence, sa crédibilité et son actualité. Les dix clés proposées ouvrent autant de portes qu'il convient d'ouvrir à une époque où l'adaptabilité de l'entreprise devient un leitmotiv tant les conditions sont changeantes entre les moments de confinement, ceux de conflits armés maintenant aux portes de nos frontières, les valeurs adoptées par les jeunes talents qui n'hésitent pas à quitter leur poste dès qu'ils ne se sentent plus alignés, avec des conditions salariales qui ne suffisent plus à les retenir, etc. L'adaptabilité de l'entreprise et son attractivité pour attirer et garder les talents constituent de nouveaux défis. Il convient incontestablement que la société et les entreprises les relèvent. À nouveaux défis, nouvelles solutions à mettre en œuvre ! Se lamenter ne sert à rien ! Regretter un passé parfois idéalisé non plus ! Le présent et l'avenir doivent prendre la place qui doit être la leur afin d'activer les leviers adéquats. La culture d'entreprise, la culture en matière de Psychologie Positive appliquée au travail et les compétences méthodologiques d'Éric Mellet lui ont permis de proposer cet excellent ouvrage qui nous permet de nous projeter positivement dans un avenir que l'on pourrait percevoir comme étant menaçant. Finalement, tout dépend des portes qui seront ouvertes et des clés que souhaiteront s'approprier les dirigeants. Elles sont expliquées et justifiées dans cet ouvrage. Aux dirigeants de garder ou de reprendre le contrôle de leur destinée de manière innovante en intégrant dans l'équation cette idée réaliste et fonctionnelle d'Organisation Positive.

Prof. Charles Martin-Krumm

Directeur de l'équipe de recherche VCR
École de Psychologues Praticiens de Paris
Président élu de l'Association française et francophone de Psychologie Positive
Fellow de l'International Positive Psychology Association (IPPA)

83652 - (I) - SOP 90° - NCO - AMK

DUPLIPRINT
733, rue Saint-Léonard, 53100 MAYENNE
N° 2984507L
Dépôt légal : septembre 2023

Imprimé en France